CONTRIBUIÇÕES
REGIME JURÍDICO, DESTINAÇÃO E CONTROLE

CIP-BRASIL. CATALOGAÇÃO NA PUBLICAÇÃO

SINDICATO NACIONAL DOS EDITORES DE LIVROS, RJ

B264c
3. ed.

Barreto, Paulo Ayres
Contribuições : regime jurídico, destinação e controle / Paulo Ayres Barreto. - 3. ed., rev. e atual. - São Paulo : Noeses, 2020.

240 p.
ISBN 978-85-8310-135-2

1. Contribuições (Direito tributário) - Brasil. 2. Tributos - Brasil. I. Título.

19-61107

CDU: 34:351.713(81)

Meri Gleice Rodrigues de Souza - Bibliotecária CRB-7/6439

PAULO AYRES BARRETO

Doutor em Direito Tributário pela Pontifícia Universidade Católica de São Paulo – PUC/SP. Livre Docente pela Universidade de São Paulo – USP. Professor Associado da Faculdade de Direito da Universidade de São Paulo – USP. Professor nos cursos de especialização em Direito Tributário do IBDT, da PUC/SP e do IBET. Coordenador do IBET – Rio de Janeiro.

CONTRIBUIÇÕES
REGIME JURÍDICO, DESTINAÇÃO E CONTROLE

3ª edição revista e atualizada

Prefácio de Paulo de Barros Carvalho

2020

Copyright © Editora Noeses 2020
Fundador e Editor-chefe: Paulo de Barros Carvalho
Gerente de Produção Editorial: Rosangela Santos
Arte e Diagramação: Renato Castro
Revisão: Georgia Evelyn Franco
Designer de Capa: Aliá3 - Marcos Duarte

TODOS OS DIREITOS RESERVADOS. Proibida a reprodução total ou parcial, por qualquer meio ou processo, especialmente por sistemas gráficos, microfílmicos, fotográficos, reprográficos, fonográficos, videográficos. Vedada a memorização e/ou a recuperação total ou parcial, bem como a inclusão de qualquer parte desta obra em qualquer sistema de processamento de dados. Essas proibições aplicam-se também às características gráficas da obra e à sua editoração. A violação dos direitos autorais é punível como crime (art. 184 e parágrafos, do Código Penal), com pena de prisão e multa, conjuntamente com busca e apreensão e indenizações diversas (arts. 101 a 110 da Lei 9.610, de 19.02.1998, Lei dos Direitos Autorais).

2020

Editora Noeses Ltda.
Tel/fax: 55 11 3666 6055
www.editoranoeses.com.br

Dedico este livro ao meu filho Gabriel,
cuja ternura e alegria são fontes
constantes de inspiração,
com muito amor.

PREFÁCIO

Atravessamos o tempo do "giro linguístico", concepção do mundo que progride, a velas pandas, seja nas declarações estridentes de seus adeptos mais fervorosos, quer no remo surdo das construções implícitas dos autores contemporâneos. A cada dia, com o cruzamento vertiginoso das comunicações, aquilo que fora tido como "verdade" dissolve-se num abrir e fechar de olhos, como se nunca tivesse existido, e emerge nova teoria para proclamar, alto e bom som, também em nome da "verdade", o novo estado de coisas que o saber científico anuncia. Em exemplo recentíssimo, temos Plutão, "o nono planeta", que acaba de ser inapelavelmente desqualificado pelos "avanços" da Astronomia. Pequena substituição na camada de linguagem que outorgava àquela esfera celeste a condição de planeta foi o suficiente para desclassificá-lo, oferecendo à comunidade das ciências outro panorama do nosso sistema solar. Mas é curioso perceber que enquanto isso, indiferente às linguagens que nós produzimos sobre ele, Plutão continua cumprindo sua trajetória, como se nada houvesse acontecido.

Quando NIETZSCHE asseverou que a ciência aspirava ao saber sem ater-se a suas eventuais consequências, já antevia modificações como essa, que estendem sobre nós o manto do ceticismo, porém não impedem o progresso do conhecimento e a marcha inexorável da pesquisa, levantando apenas novas conjecturas que proporcionam outras refutações, para lembrar POPPER.

As conquistas do "giro" fazem sentir-se em todos os quadrantes da existência humana. Ali onde houver o fenômeno do conhecimento, estarão interessados, como fatores essenciais, o sujeito, o objeto e a possibilidade de o sujeito captar, ainda que a seu modo, a realidade desse objeto. E se a matéria examinada for um direito positivo historicamente dado, como o vigente no Brasil, e, dentro dele, a sistemática das "contri-buições", o foco atencional há de dirigir-se para o núcleo se-mântico que recebe esse nome e para a constelação das normas jurídicas que o circundam, nela incluídas as individuais e concretas penosamente recolhidas pela indução no espaço aberto e palpitante da experiência.

Não é outro o objetivo de PAULO AYRES, decidido a inves-tigar os limites constitucionalmente postos para a instituição de contribuições de natureza tributária e, como ele próprio esclarece desde o início, os efeitos jurídicos decorrentes da desvinculação e do desvio do produto de sua arrecadação. O instrumento metodológico fundamental para o desenvolvimento do projeto é o tradicional corte kelseniano, que se consubstancia no isolamento temático da homogênea multiplicidade de normas sobre o assunto, tendo como contraparte a heterogênea complexidade do real-social.

Aproveito para inserir, aqui, pequena digressão. Tenho insistido na tese de que normas são as significações construí-das a partir dos suportes físicos dos enunciados prescritivos. No sentido amplo, a cada enunciado corresponderá uma significação, mesmo porque não seria gramaticalmente correto falar-se em enunciado (nem frase) sem o sentido que a ele atribuímos. Penso que seja suficiente mencionar "suporte físico de enun-ciado prescritivo" para referir-me à fórmula digital, ao texto no seu âmbito estreito, à base material gravada no documento legislado. As normas são da ordem das significações. Em sentido amplo, quaisquer significações. Porém, em acepção restrita, aquelas que se articularem na forma lógica dos juízos hipotético-condicionais: Se ocorrer o fato F, instalar-se-á a relação R entre dois ou mais sujeitos de direito (S' e S"). Reitero a terminologia para facilitar as comparações e os paralelos que ordinariamente o leitor estabelece, cada vez que lhe acode à mente o ponto de vista de outros autores.

VIII

Distinções como esta, se formuladas com clareza, alimentam a possibilidade criativa de quem reflete, sugerindo ideias que aprofundam a busca intelectual e enriquecem o pensamento.

O professor paulista procura pôr-se diante do objeto numa atitude pura, como o sujeito empírico individual que, em linguagem kantiana chamaríamos de "sujeito transcendental", munido de categorias, que são formas de síntese. Sabe, perfeitamente, que o acto cognoscente é o acto depurado (metodicamente) dos elementos decisórios e axiológico. É o acto daquele sujeito que põe entre parênteses (metodicamante) ingredientes de sua posição existencial (valores, ideologias, estados de espírito etc), para que lhe seja possível organizar, com rendimento e eficiência, o tecido descritivo sobre o objeto submetido a seus cuidados. Demonstra conhecer, também, que essa postura pretensamente purificada (porque, no final das contas é mera tendência, inclinação), é momentânea, transitória, que atende ao impulso do primeiro instante, mas logo deve ser integrada a outros expedientes cognoscitivos, que ofereça o mesmo objeto, todavia por outros ângulos e em outras dimensões. É o tempo, então, de resgatar alguns daqueles aspectos que foram estrategicamente dispensados.

Quero dizer que esse modo de portar-se diante do objeto do conhecimento me agrada sobremaneira: aqui, o autor do texto passando por alto sobre considerações importantes para desenhar a feição do objeto, mas que são resgatadas ali onde as condições estratégicas melhor recomendarem. É trabalho de paciência e, sobretudo, de maturidade.

O livro que PAULO AYRES dá à edição é assim.

Antes de fazer atuar, com destreza, o esquema canônico da regra-matriz de incidência tributária, no que diz respeito às contribuições, o Autor passa por muitos pontos delicados para a Dogmática brasileira, como, por exemplo, aquele que discute a classificação dos tributos, arrolando suas espécies e subespécies. A propósito, classificar pode parecer algo singelo. Sabemos, contudo, que essa operação lógica requer cuidados e atenções redobrados, se nosso objetivo firmar-se na

IX

construção de categorias bem compostas para se explorar, ao máximo, o potencial explicativo da mensagem. Com sutileza, PAULO deixa cair uma crítica dura à doutrina dominante, citando a advertência de L. SUSAN STEBBING sobre a *falácia da divisão cruzada*. Querendo contemplar todas as figuras do direito positivo, numa organização expositiva única, incorre nas chamadas "classificações por propriedades, que se assemelham a simples enumerações de tipos que integram determinado gênero, como bem anotou MARCO AURÉLIO GRECO.

Sobremais, cerca o assunto das contribuições, movendo-se de maneira tal que consegue pôr em evidência seus princípios informadores, assim os formais como os materiais. Discute o tema do orçamento e da destinação do produto da arrecadação, incluindo julgados do Supremo Tribunal Federal, como fragmentos importantes para compor o direito positivo brasileiro acerca da matéria.

Diria eu que PAULO AYRES, em artigos e livros editados anteriormente, representava uma agradável promessa de novo talento de jurista nos horizontes de nossa doutrina. Agora, porém, com a edição deste volume, aquilo que se vê é um trabalho consistente, maduro, estável, de quem domina com naturalidade o conhecimento do direito posto, locomovendo-se com segurança entre as categorias e formas da Teoria Geral do Direito. No livro, estão presentes a didática do professor, a eloquência e o poder retórico do advogado, o peso e a razoabilidade do jurista e, sobretudo, a presença serena e equilibrada do cientista.

Como sempre, meus parabéns à PUC/SP – Pontifícia Universidade Católica de São Paulo –, por ter produzido um doutor dessa categoria, e à Editora Noeses, que, desde logo se interessou pela edição da obra.

Fazenda Santo Antônio de Palmares, 15 de setembro de 2006.

Paulo de Barros Carvalho
Titular de Direito Tributário da PUC-SP e da USP

SUMÁRIO

PREFÁCIO.. **VII**

Capítulo I
PROPEDÊUTICA GERAL

INTROITO 1

1.1 Delimitação do objeto... 2

1.2 Ordenamento jurídico e sistema jurídico 4

1.3 A norma jurídica 6

1.4 Interpretação do Direito 8

1.5 Princípios jurídicos... 12

1.6 Valores e limites objetivos.................................... 14

1.7 Princípios e regras... 15

1.8 Síntese conclusiva a respeito dos princípios e regras.. 17

1.9 Os ramos didaticamente autônomos do Direito. 20

XI

Capítulo II
TRIBUTOS NO SISTEMA CONSTITUCIONAL BRASILEIRO

2.1 A opção do legislador constituinte de 1988 e seus efeitos jurídicos 25

2.2 Competência tributária 27

2.3 Conceitos constitucionais...................................... 31

2.4 Conceito de tributo 35

2.5 Tributos e suas causas 39

2.6 Classificações no Direito....................................... 45

2.7 Classificação das espécies tributárias................. 49

    2.7.1 Considerações necessárias........................ 49

    2.7.2 Impostos 57

    2.7.3 Taxas... 58

    2.7.4 Contribuição de melhoria.......................... 61

    2.7.5 Contribuições... 64

    2.7.6 Empréstimos compulsórios....................... 67

2.8 Nossa proposta de classificação.......................... 69

Capítulo III
CONTRIBUIÇÕES E SUAS ESPÉCIES

3.1 Contribuições no Direito Comparado 75

3.2 Contribuições: suas acepções.............................. 82

3.3 Contribuições no Direito positivo brasileiro 85

3.4 Contribuições: natureza tributária...................... 87

3.5 A parafiscalidade nas contribuições 92

CONTRIBUIÇÕES
REGIME JURÍDICO, DESTINAÇÃO E CONTROLE

3.6 As contribuições como espécies tributárias autônomas.. 94

3.7 As espécies de contribuições................................ 97

    3.7.1 As contribuições sociais 98

    3.7.2 Contribuições de interesse de categorias profissionais ou econômicas 107

    3.7.3 Contribuições de intervenção no domínio econômico.. 108

3.8 Contribuição para o custeio do serviço de iluminação pública... 113

3.9 Contribuições e a vantagem ou benefício........... 116

3.10 Contribuições: seus traços típicos...................... 119

Capítulo IV
PRINCÍPIOS INFORMADORES DAS CONTRIBUIÇÕES – LIMITES FORMAIS

4.1 Princípio da legalidade....................................... 122

4.2 Princípio da irretroatividade.............................. 125

4.3 Princípio da anterioridade.................................. 125

4.4 Princípio da solidariedade.................................. 128

4.5 Lei complementar e contribuições 132

Capítulo V
CONTRIBUIÇÕES, CAPACIDADE CONTRIBUTIVA, EQUIDADE E NÃO CONFISCO

5.1 Princípio da capacidade contributiva................. 136

5.2 Princípio da Equidade... 138

XIII

5.3 Princípio do não confisco................................... 140

Capítulo VI
CONTRIBUIÇÕES: LIMITES MATERIAIS E QUANTITATIVOS

6.1 Limites materiais.................................... 143

6.2 Limites quantitativos............................. 146

Capítulo VII
ENCADEAMENTO NORMATIVO NAS CONTRIBUIÇÕES

7.1 A norma de competência 149

7.2 As imunidades.. 151

7.3 A regra-matriz de incidência nas contribuições 153

    7.3.1 O antecedente.................................. 153

    7.3.2 O consequente.................................. 154

7.4 Finalidade e destinação do produto da arrecadação: estrutura normativa............................ 159

Capítulo VIII
DESVINCULAÇÃO NO PLANO NORMATIVO

8.1 Desvinculação no plano constitucional.............. 166

8.2 Desvinculação no plano legal...................... 172

8.3 Desvinculação no nível infralegal................ 175

8.4 Desvio do produto da arrecadação no plano fático 177

CONTRIBUIÇÕES
REGIME JURÍDICO, DESTINAÇÃO E CONTROLE

Capítulo IX
ORÇAMENTO E DESTINAÇÃO DO PRODUTO DA ARRECADAÇÃO

9.1 Orçamento e separação dos poderes................... 179

9.2 Aspectos jurídicos do orçamento público........... 181

    9.2.1 Unidade orçamentária............................. 182

    9.2.2 Universalidade orçamentária 182

    9.2.3 Periodicidade orçamentária...................... 183

    9.2.4 Equilíbrio orçamentário.......................... 183

    9.2.5 Afetação e não afetação orçamentária...... 185

9.3 Execução orçamentária... 186

9.4 Desvinculação orçamentária............................... 187

Capítulo X
A DESTINAÇÃO DO PRODUTO DA ARRECADAÇÃO NO SUPREMO TRIBUNAL FEDERAL

10.1 Controle da destinação.. 189

10.2 Consequências da desvinculação....................... 191

CONCLUSÕES 197

REFERÊNCIAS 211

Capítulo I
PROPEDÊUTICA GERAL

Introito

Empreender investigação de cunho científico sobre as contribuições em matéria tributária é missão que se revela complexa e desafiadora. Essa complexidade decorre de vários aspectos: (i) uma profusão de comandos normativos que dizem com a temática das contribuições, cujo traço característico é a ausência de uma preocupação sistêmica; (ii) o comportamento errático da disciplina legislativa da matéria, que ora pretende conferir natureza tributária às exigências a esse título, ora labora na tentativa de atribuir-lhe feição diversa;[1] (iii) uma ampla gama de concepções teóricas sobre o tema, formuladas pela Ciência do Direito, por força das quais se propugna serem as contribuições espécie tributária autônoma, tributo sempre redutível a um imposto ou taxa, imposto de escopo, tributo finalístico, exigência que não se reveste de caráter tributário, apenas para citar as proposições que são encontradas na doutrina de forma recorrente. Esse cenário produz os seus correspectivos efeitos nos tribunais, cujas decisões evidenciam o descompasso existente em torno do tema.

---

1. Por intermédio da Emenda Constitucional n. 8/77, que alterou a Emenda Constitucional n. 1/69, buscava-se atribuir feição não tributária às contribuições.

De outra parte, é cediço o crescente relevo que o tema tem alcançado. A atividade impositiva nesta seara nunca foi tão intensa. Com efeito, a instituição de novas contribuições, a ampliação das bases de cálculo e a majoração de alíquotas já existentes têm se verificado de forma recorrente. Em consequência, a partilha da arrecadação tributária entre União, Estados, Municípios e Distrito Federal altera-se, continuamente, em favor do poder central, ameaçando-se o equilíbrio federativo.

Desnecessário é, pois, enfatizar a importância de se desvelar o campo de atuação definido pelo legislador constituinte para a criação de contribuições de natureza tributária, bem assim de se identificar os limites constitucionalmente previstos para o controle desta espécie do gênero tributo, tanto na composição de suas regras-matrizes de incidência, quanto no exame do destino do produto de sua arrecadação. Deveras, espraiou-se a convicção de que as contribuições, além de permitirem a manutenção integral do produto arrecadado em poder do ente tributante, não estão necessariamente adstritas a rígidas demarcações constitucionais de sua materialidade – como ocorre com impostos, taxas e contribuição de melhoria – e, por tais razões, constituem-se num importante instrumento para a geração de receita tributária adicional.

Impõe-se, destarte, o exame dos limites existentes ao exercício desta atividade impositiva, bem assim a identificação dos mecanismos de controle positivados. Importa, sobretudo, analisar os efeitos jurídicos decorrentes da desvinculação do produto da arrecadação e, ainda, do seu desvio no plano fático. É a missão que se nos apresenta.

1.1 Delimitação do objeto

Uma abordagem de cunho científico sobre qualquer tema em Direito requer seja definido o modo de aproximação do objeto a ser investigado. "A ciência é uma construção conceptual acerca de um setor autônomo do ser."[2] O processo

---

2. Lourival Vilanova, "Sobre o Conceito de Direito", *Escritos Jurídicos e Filosóficos*, vol. 1, p. 10.

CONTRIBUIÇÕES
REGIME JURÍDICO, DESTINAÇÃO E CONTROLE

construtivo pressupõe a demarcação do objeto. O conhecimento de um dado objeto exige um constante caminhar em busca da redução de suas complexidades. Busca-se, assim, em esforço contínuo, conhecer o campo objetal, seus lindes e, fundamentalmente, estruturá-lo de forma sistemática. Como observa, com a usual precisão, Lourival Vilanova,[3] a ciência é "um conjunto de conceitos dispostos segundo certas conexões ideais, estruturadas segundo princípios ordenadores que os subordinam a uma unidade sistemática. Os elementos conceptuais não se justapõem, mas se articulam, obedecendo a relações lógico-formais de caráter necessário."

O direito é um objeto cultural. Por assim ser, forçoso nele reconhecer a relevante presença de valores.[4] Manifesta-se por intermédio da linguagem, em função prescritiva. Cabe-nos descrevê-la também fazendo uso da linguagem, porém em função descritiva.[5]

A adequada aproximação de um objeto cultural, como é o direito, impregnado de carga valorativa, expresso em linguagem, por vezes imprecisa e ambígua, não é tarefa simples.

O ponto de partida para o conhecimento do objeto é relativamente uniforme. Tal relatividade decorre da constante mutação do plexo normativo e, consequentemente, da potencial divergência sobre quais os conteúdos prescritivos em vigor. De toda sorte, é nessa aproximação que reside o maior nível de concordância: os textos que veiculam normas jurídicas estão ao alcance de todos aqueles que se dedicarem a estudá-las, conhecê-las ou aplicá-las. Em súmula, conquanto haja certa concordância em relação a qual é esse ponto de partida, exsurgem, como decorrência natural da interpretação desta mesma e única base material, as mais díspares posições sobre um mesmo tema.

---

3. "Sobre o Conceito de Direito", *Escritos jurídicos e filosóficos*, vol. 1, p. 4.

4. Cf. Paulo de Barros Carvalho, *Direito tributário* – Fundamentos jurídicos da incidência, p. 4.

5. Idem, p. 5.

Ao percorrermos o plexo normativo que conforma o ordenamento jurídico, identificamos um número significativo de enunciados prescritivos que dizem com a temática das contribuições. Tal fato, por si só, abre ensanchas às mais distintas visões sobre um mesmo tema, a partir de uma única base empírica.

Sistematizar esses conteúdos normativos é nossa primeira e principal tarefa.

Pretendemos enfrentar a temática das contribuições em matéria tributária com supedâneo nas categorias da Teoria Geral do Direito, na esteira de Paulo de Barros Carvalho, para quem "o hábito de certas reflexões filosóficas e o apelo frequente às categorias da Teoria Geral do Direito, longe de dificultar o acesso ao objeto da investigação, aparecem como condições mesmas do aprofundamento cognoscitivo."[6]

Se assim é, uma abordagem científica exige uma tomada inicial de posição sobre os conceitos fundamentais, tais como *princípio*, *norma*, *sistema*, sem o que ficarão comprometidas a consistência e a coerência do estudo que se pretende desenvolver. Cumpre-nos, pois, antes de adentrar especificamente no tema, descrever a feição do sistema de referência sobre o qual assentaremos nossas premissas e deduziremos nossas conclusões.

1.2 Ordenamento jurídico e sistema jurídico

As expressões "ordenamento jurídico" e "sistema jurídico" são tidas usualmente como equivalentes. Refletiriam uma mesma noção. Gregorio Robles Morchón atribui sentidos diversos a essas expressões, ao propugnar que "ordenamiento es el texto jurídico en bruto en su totalidad, compuesto por textos concretos, los quales son el resultado de decisiones concretas."[7] De outra parte, "sistema es el resultado de la

---

6. *Direito tributário* – Fundamentos jurídicos da incidência, p. 5.

7. *Teoría del derecho* (Fundamentos de la teoría comunicacional del derecho), p. 111.

CONTRIBUIÇÕES
REGIME JURÍDICO, DESTINAÇÃO E CONTROLE

elaboración doctrinal o científica del texto bruto del ordenamiento".[8] A distinção por ele proposta evidencia a existência de dois corpos de linguagem, cada qual com suas estruturas lógicas próprias: o ordenamento jurídico como resultado da somatória de textos de direito positivo; sistema jurídico como decorrência do esforço de ordenação e depuração (em relação a contradições e ambiguidades) do próprio ordenamento.[9] Registre-se, contudo, que, como acentua Paulo de Barros Carvalho, "há sistema na realidade do direito positivo e há sistema nos enunciados cognoscitivos que sobre ele emite a Ciência Jurídica."[10] Conquanto a ordenação e depuração só ocorram neste último sistema, não há como deixar de atribuir caráter sistêmico, ainda que embrionário, ao direito positivo.

Genericamente, a ideia de sistema implica a noção de limite. Defrontamo-nos, a todo instante, no exame de temas jurídicos, com essa noção. A partir de uma linha diferencial abstrata, identificamos o que pertence ao sistema e o que está fora dele.[11] O sistema jurídico, antes de ser jurídico, é sistema. O jurídico, por conseguinte, submete-se aos mesmos critérios de ordenação de outros sistemas. Lourival Vilanova pondera que todo sistema "implica ordem, isto é, uma ordenação das partes constituintes, relações entre as partes ou elementos."[12] Saber o que pertence a essa ordem, e o que está fora dela, é um primeiro exercício de controle, uma inicial noção de limite.

A missão que se nos apresenta é a de reconhecer, no ordenamento jurídico, prescrições que digam, direta ou indiretamente, com a temática das contribuições em matéria tributária e proceder ao esforço de construção de um pensar sistemático sobre o assunto.

---

8. *Teoría del derecho* (Fundamentos de la teoría comunicacional del derecho), p. 113.

9. Cf. Gregorio Robles Morchón, *Teoría del derecho* (Fundamentos de la Teoría Comunicacional del Derecho), p. 113.

10. *Curso de Direito Tributário*, p. 11.

11. Cf. Tercio Sampaio Ferraz Jr., *Introdução ao estudo do direito*, p. 175.

12. *As estruturas lógicas e o sistema do direito positivo*, p. 116.

Nesse sentido, impende notar que o nosso ordenamento jurídico contém número significativo de prescrições tributárias, nos mais diversos planos normativos, em múltiplas relações de coordenação e subordinação, fato que torna mais árduo o esforço de bem sistematizá-las.

Registre-se, em contraposição, que, em sua redação atual, a Constituição Federal brasileira tem, em capítulo intitulado "Do Sistema Financeiro Nacional", apenas um artigo e que, ainda assim, delega à lei complementar o papel de regular a atividade financeira no Brasil. Não há como negar existir, nesse caso, maior margem para atuação do legislador infraconstitucional, e menor dificuldade para ordená-lo sistemicamente. Trata-se de opções legislativas distintas, e que, consequentemente, produzem efeitos jurídicos diversos.

1.3   A norma jurídica

Para melhor compreender o sistema tributário brasileiro, é preciso conhecer as partes que o compõem. A propriedade fundamental de um sistema é a interdependência de suas partes.[13] Como predica Eros Roberto Grau, "cada norma é parte de um todo, de modo que não podemos conhecer a norma sem conhecer o sistema, o todo no qual estão integradas."[14] Examinemos, com mais vagar, a parte que compõe o todo: a estrutura normativa.

Norma jurídica é a significação construída a partir do direito positivo, de cunho coercitivo, e que se destina à regulação de condutas intersubjetivas. O direito é um sistema composto por normas. Não há como bem compreendê-lo sem conhecer as suas estruturas mínimas, de um lado, e a forma como elas se relacionam, de outro. A estrutura completa de toda norma jurídica é composta por uma norma primária e

---

13. Cf. Talcott Parsons e Edward A. Shils, Toward a General Theory of Action. Theoretical Foundations for the Social Sciences, p. 107.

14. *O direito posto e o direito pressuposto*, p. 19.

CONTRIBUIÇÕES
REGIME JURÍDICO, DESTINAÇÃO E CONTROLE

uma secundária. "Naquela, estatuem-se as relações deônticas direitos/deveres, como consequência da verificação de pressupostos, fixados na proposição descritiva de situações fácticas ou situações já juridicamente qualificadas; nesta, preceituam-se as consequências sancionadoras, no pressuposto do não cumprimento do estatuído na norma determinante da conduta juridicamente devida".[15]

As normas jurídicas podem ser classificadas em normas de estrutura e normas de conduta, com base no objeto imediato da sua regulação. O critério definidor da classificação proposta é objeto imediato regulado pela norma jurídica. As de comportamento regulam diretamente a conduta das pessoas, nas relações de intersubjetividade. As de estrutura têm como objeto imediato os modos de criação, modificação e expulsão das normas jurídicas. Com fulcro nessa classificação, examinaremos a relação entre as normas que estabelecem a competência para instituição de tributos e as que efetivamente ferem as condutas, estatuindo a obrigação tributária.

A constante tensão entre o sistema integralmente considerado e os elementos que o compõem decorre exatamente de seu caráter estruturante. Como registra Cristiano Carvalho, "o sistema, enquanto um todo, apresenta características advindas de sua estrutura, características essas que os elementos individualmente não possuem. Por outro lado, essa estrutura pode vir a reprimir certas peculiaridades que os elementos podem guardar individualmente."[16]

Este é o grande desafio que se nos apresenta: em esforço analítico, conhecer as contribuições como unidades normativas; em visão ampla do sistema, reconhecer o seu papel e a sua interação com outras normas jurídicas. Em síntese, interpretar adequadamente o sistema jurídico.

---

15. Lourival Vilanova, *As estruturas lógicas e o sistema do direito positivo*, p. 64.

16. *Teoria do sistema jurídico* – Direito, economia, tributação, p. 51.

1.4 Interpretação do Direito

O direito manifesta-se pela linguagem. Porta de entrada para qualquer processo interpretativo é a linguagem, instrumento de comunicação do direito, assim como de uma infinidade de outros campos do conhecimento científico. Desvelar o conteúdo, sentido e alcance de normas jurídicas exige, como passo inicial, travar contato com a linguagem do direito.

A partir da edição de normas de caráter geral e abstrato, busca-se regrar as condutas humanas intersubjetivas, em processo decorrente da fenomenologia da incidência jurídica. O fato normado compõe o antecedente de norma individual e concreta. Essa aproximação com a realidade fática é feita por intermédio da linguagem.

Com a usual precisão, Lourival Vilanova esclarece que,

> por mais geral que se exprima uma norma de direito positivo, suas referências são determinadas, significativamente endereçadas. Ainda que numa linguagem tipificadora descreva hipóteses genéricas de fatos jurídicos, tipos de sujeitos-de-direito, de objetos de prestações jurídicas, de quadros genéricos de vínculos obrigacionais, sempre há um conteúdo de significação concreta (conotação) nos conceitos do direito positivo, apontando (denotação) para certos fatos do mundo que se tornaram elementos do universo jurídico. Por isso, dizemos que a linguagem que compõe o direito positivo é uma linguagem-de-objetos, uma linguagem conotativa e denotativamente qualificada, feita para o universo da conduta humana.[17]

Para Paulo de Barros Carvalho, todo texto jurídico é composto por um plano de expressão e um plano de conteúdo. Neste plano (de conteúdo), surgem as significações do plano expressional, construídas pelo intérprete na busca do sentido deôntico. O subsistema (S1) é composto pelo conjunto de enunciados, tomados no plano da expressão. Se nos colocarmos, com pretensões cognoscitivas, perante um determinado ordenamento jurídico, o esforço inicial será identificar as formulações literais

---

17. Lourival Vilanova, "Lógica Jurídica", in *Escritos jurídicos e filosóficos*, vol. 2, p. 177.

CONTRIBUIÇÕES
REGIME JURÍDICO, DESTINAÇÃO E CONTROLE

existentes, a partir das quais o intérprete iniciará o processo de construção de significação dos enunciados prescritivos. Um segundo subsistema (S2) será formado precisamente por esse conjunto de significações de manifestações prescritivas. Num terceiro plano (S3), temos as normas jurídicas, unidades de manifestação do deôntico.[18] O conjunto das formações normativas "integra o texto em sentido amplo (TA)."[19]

Adverte, ainda, Paulo de Barros Carvalho que o processo de interpretação tem como limite nosso horizonte cultural, "pois fora dessas fronteiras não é possível a compreensão."[20]

O percurso acima descrito nos conduz à identificação dos conteúdos normativos que, conjuntamente considerados, conformam o sistema jurídico. Residem aqui as maiores dificuldades daquele que se põe diante do ordenamento jurídico com pretensões cognoscitivas: conteúdos prescritivos postos em diferentes níveis hierárquicos; positivação de valores e limites objetivos; conflitos entre princípios e regras, verificáveis tanto em um mesmo plano normativo, como em níveis hierárquicos diversos; necessidade de ponderação de valores em face de tensões internormativas; enfim, uma série de problemas a serem enfrentados por quem pretende interpretar adequadamente o direito.

José Souto Maior Borges esclarece que a "interpretação do Direito pelo órgão competente para a produção da norma é essencialmente diversa da interpretação do Direito pela ciência do Direito."[21] Cabe ao cientista do Direito formular proposições descritivas.

Para Kelsen,

> a interpretação jurídico-científica não pode fazer outra coisa senão estabelecer as possíveis significações de uma norma jurídica. Com o conhecimento do seu objeto, ela não pode tomar qualquer

---

18. *Direito tributário – Fundamentos jurídicos da incidência*, pp. 61 e ss.

19. *Curso de direito tributário*, p. 130.

20. *Curso de direito tributário*, p. 130.

21. *Tratado de direito tributário brasileiro*, p. 84.

decisão entre as possibilidades por si mesmo reveladas, mas tem de deixar tal decisão ao órgão que, segundo a ordem jurídica, é competente para aplicar o Direito.[22]

Firme na convicção de que a ideologia haveria de estar necessariamente afastada da interpretação do direito, Kelsen trabalha com a perspectiva de que a escolha da melhor interpretação, pelo cientista do Direito, estará sempre influenciada pela ideologia do intérprete.

Dissemos, a esse propósito, que "a visão kelseniana promove exagerado esvaziamento do mister doutrinário. A pureza da proposta kelseniana enfrenta desafios sérios. Nada impede, por exemplo, que o cientista do Direito, ao elencar as várias possibilidades de aplicação do direito, identificando a moldura de significações dos textos do direito positivo, possa intencionalmente afastar uma ou mais possibilidades de aplicação do direito que, política e ideologicamente, não lhe convenham. Kelsen provavelmente diria, em face de tal assertiva, que esse não seria um verdadeiro cientista do Direito. No entanto, o que procuramos demonstrar com esse exemplo é que a purificação extrema do processo interpretativo promove, a um só tempo, uma significativa redução de sua relevância para o direito, bem assim uma sensível perda do interesse doutrinário na busca do convencimento da comunidade jurídica sobre o verdadeiro conteúdo e alcance da lei."[23]

Nesse diapasão, são as lições de Tercio Sampaio Ferraz Jr., para quem

esta coerência de Kelsen com seus princípios metódicos, porém, nos deixa sem armas. Sua renúncia pode ter um sentido heroico, de fidelidade à ciência, mas deixa sem fundamento a maior parte das atividades dogmáticas, as quais dizem respeito à hermenêutica. E ademais não explica a diferença entre a mera opinião, não técnica, sobre o conteúdo de uma lei, exarada por alguém que sequer tenha estudado Direito e a opinião do doutrinador, que busca, com os meios da razão jurídica, o sentido da norma. A

---

22. Cf. Hans Kelsen, *Teoria pura do direito*, p. 472.

23. *Imposto sobre a Renda e Preços de Transferência*, p. 30.

CONTRIBUIÇÕES
REGIME JURÍDICO, DESTINAÇÃO E CONTROLE

diferença, em termos de aceitação, resta meramente política. Ou seja, para Kelsen, é possível denunciar, de um ângulo filosófico (zetético), os limites da hermenêutica, mas não é possível fundar uma teoria dogmática da interpretação.[24]

Se, de um lado, não pretendemos levar a pureza da teoria kelseniana às últimas consequências, não podemos, de outra parte, ignorar as advertências do mestre de Viena. Buscar mecanismos de interpretação que reduzam as suas possibilidades teóricas é um dever do exegeta. Controlar a tensão entre valores e limites objetivos, princípios e regras é um passo fundamental para atingir este objetivo que, sobre ser ousado, revela-se de extrema importância para o enfrentamento teórico do tema das contribuições no sistema tributário brasileiro, fortemente permeado por princípios de forte conotação axiológica, como, por exemplo, o da solidariedade.

Sob o manto do princípio da solidariedade, veiculado pelo art. 195 da Constituição Federal, pode-se justificar a mais ampla gama de imposições tributárias. Preceitua o aludido dispositivo que a seguridade social será financiada por toda a sociedade. Positivou-se, no mais alto patamar normativo, um valor, cuja referência pode legitimar um significativo rol de possibilidades exegéticas, em relação a cada caso concreto. Tal fato exige, por si só, maior meditação sobre valores e limites objetivos, princípios e regras.

Clarice Von Oertzen de Araújo ensina que "a mera enunciação de um valor em qualquer instância da linguagem jurídica já é manifesta expressão de um juízo de preferência, e, portanto, de uma operação de seleção."[25] Ficar à mercê de um certo nível de arbítrio ou discricionariedade na seleção de valores a serem mais enfaticamente considerados implica excessiva abertura à exegese jurídica. Fixar limites estreitos a este processo seletivo não é tarefa fácil. Seria, todavia, um erro não buscar alternativas que reduzam as possibilidades interpretativas.

---

24. Cf. Tercio Sampaio Ferraz Jr., *Introdução ao estudo do direito*, p. 263.

25. *Semiótica do direito*, tese de doutorado, inédita, PUC/SP, 2003, p. 55.

1.5 Princípios jurídicos

Os princípios jurídicos têm sido objeto de inúmeros estudos doutrinários. Trata-se de tema relevante em todos os ramos didaticamente autônomos do Direito. Diversos estudiosos do Direito têm a ele se dedicado.[26] Canotilho,[27] Dworkin[28] e Alexy[29] forneceram preciosas contribuições sobre o tema e têm influenciado decisivamente a doutrina pátria.

Canotilho desenvolve uma visão estruturante dos princípios, segundo a qual os mesmos teriam uma dimensão constitutiva e uma outra de cunho declarativo. A primeira (constitutiva) em razão de que os princípios "na sua 'fundamentalidade principal' exprimem, indiciam, denotam, ou constituem uma compreensão da ordem constitucional."[30] A segunda (declarativa) porque "estes princípios assumem, muitas vezes, a natureza de 'superconceitos', de 'vocábulos designantes' utilizados para exprimir a soma de outros 'subprincípios' e de concretizações normativas constitucionalmente plasmadas."[31]

Dworkin, por sua vez, propugna que os princípios, diferentemente das regras, não determinam uma decisão. A importância relativa de um princípio, o seu peso (*dimension of weight*), indicará, na hipótese de um conflito com outro princípio, qual deverá prevalecer. O critério decisório obedecerá à dualidade "mais" ou "menos". Já na colisão entre regras, o acatamento de uma implicará a invalidade da outra (*all or nothing*).[32]

---

26. Em interessante trabalho monográfico, Ruy Samuel Espíndola identifica as principais manifestações da doutrina nacional sobre o assunto. *Conceito de Princípios Constitucionais*, pp. 105 a 171.

27. *Direito constitucional e teoria da constituição*, p. 345.

28. Taking Rights Seriously, p. 26.

29. "On the Structure of Legal Principles", in Ratio Juris.

30. *Direito constitucional e teoria da constituição*, p. 345.

31. *Direito constitucional e teoria da constituição*, p. 345.

32. Taking Rights Seriously, p. 26.

CONTRIBUIÇÕES
REGIME JURÍDICO, DESTINAÇÃO E CONTROLE

Para Robert Alexy, os princípios estabelecem deveres de otimização, cuja eficácia ficará adstrita às possibilidades dos contextos normativo e fático.[33]

Na doutrina pátria, Celso Antônio Bandeira de Mello ensina que princípio é

> mandamento nuclear de um sistema, verdadeiro alicerce dele, disposição fundamental que se irradia sobre diferentes normas, compondo-lhes o espírito e servindo de critério para sua exata compreensão e inteligência, exatamente por definir a lógica e a racionalidade do sistema normativo, no que lhe confere a tônica e lhe dá sentido harmônico.[34]

Nesse sentido, Roque Antonio Carrazza leciona ser o princípio jurídico um

> enunciado lógico, implícito ou explícito, que, por sua grande generalidade, ocupa posição de preeminência nos vastos quadrantes do Direito e, por isso mesmo, vincula, de modo inexorável, o entendimento e a aplicação das normas jurídicas que com ele se conectam.[35]

Paulo de Barros Carvalho define princípio como norma jurídica

> portadora de núcleos significativos de grande magnitude, influenciando visivelmente a orientação de cadeias normativas, às quais outorga caráter de unidade relativa, servindo de fator de agregação de outras regras do sistema positivo.[36]

Nota-se, da análise das propostas de definição, percepções distintas sobre os princípios, com implicações significativas na solução de conflitos que demandem a aplicação de

---

33. "On the Structure of Legal Principles", in Ratio Juris.

34. *Curso de direito administrativo*, pp. 573 e 574.

35. *Curso de direito constitucional tributário*, p. 35.

36. "Sobre os Princípios Constitucionais Tributários", in *Revista de Direito Tributário* n. 55, p. 149.

princípios e regras, notadamente se ambos, o princípio e a regra, estiverem no mesmo patamar hierárquico. Por outro giro, presente o conflito entre um determinado princípio constitucional e uma regra de mesma natureza, qual prescrição haverá de prevalecer? Genericamente, é possível afirmar que aqueles que predicam o caráter preeminente dos princípios concluirão pela prevalência destes em relação às regras. Diversamente, se se entender que os princípios estatuem deveres de otimização, abrem-se ensanchas para a sustentação da aplicação da regra em detrimento da dicção principiológica.

Não é preciso gizar as profundas consequências que a adoção de uma ou de outra postura acarretarão. Antes de uma tomada de posição sobre o assunto, entendemos necessário discorrer sobre os valores.

1.6 Valores e limites objetivos

A positivação de valores leva o intérprete, inexoravelmente, ao campo das análises subjetivas, tão próprio à ocultação das influências de cunho ideológico daquele que se propõe a descrever o Direito.[37] O reconhecimento de que há princípios que encerram valores e outros que estabelecem verdadeiros limites objetivos constitui importante passo na busca de critérios consistentes que nos permitam solucionar conflitos entre normas tidas por principiológicas e outras não merecedoras desse qualificativo, plantadas em idêntico nível hierárquico.

Paulo de Barros Carvalho, após empreender análise semântica do vocábulo "princípio", identifica quatro usos distintos:

> a) como norma jurídica de posição privilegiada e portadora de valor expressivo; b) como norma jurídica de posição privilegiada que estipula limites objetivos; c) como os valores insertos em regras jurídicas de posição privilegiada, mas considerados independentemente das estruturas normativas; e d) como o limite

---

37. Cf. Paulo de Barros Carvalho, *Curso de direito tributário*, p. 146.

CONTRIBUIÇÕES
REGIME JURÍDICO, DESTINAÇÃO E CONTROLE

> objetivo estipulado em regra de forte hierarquia, tomado, porém, sem levar em conta a estrutura da norma.[38]

Conclui que, diante de valores, põe-se, de forma inevitável, o ingresso "no campo da Axiologia, para estudá-lo segundo as características próprias das estimativas."[39]

A dicotomia entre princípios que enfeixam valores e princípios que prescrevem limites objetivos, associada à discussão anterior relativa à própria definição de princípio, permite-nos trilhar novos caminhos na busca de parâmetros seguros para enfrentar o entrechoque de regras e princípios, notadamente aquele que ocorre no plano constitucional.

1.7 Princípios e regras

A atribuição de um caráter principiológico a um enunciado prescritivo surge no plano dogmático. Por essa razão, são comuns as divergências sobre quais enunciados veiculam verdadeiros princípios, quais estatuem meras regras. Subjaz a esta discussão a questão da prevalência de uma norma sobre outra.

Princípios são enunciados prescritivos, dotados de elevada carga axiológica, que informam a produção legislativa (normas de estrutura) e a compostura das normas jurídicas reguladoras de condutas intersubjetivas (normas de conduta). Parâmetros lógicos e axiológicos estarão sempre presentes na apreciação de conflitos normativos. Como bem adverte Luís César Souza de Queiroz, "a hierarquização das normas pode se processar segundo um critério lógico (ex. a norma constitucional é superior à norma legal) ou segundo um critério axiológico (de maior ou menor carga de valor)." E prossegue, concluindo que

> não é admissível a confusão entre os planos lógico e axiológico, que são construídos segundo critérios diferentes e não

---

38. *Curso de direito tributário*, p. 145.

39. Idem.

(necessariamente) diretamente proporcionais; e mais, é preciso que tais critérios sejam manipulados com total clareza e precisão, principalmente, quando se discute acerca do conflito entre normas no interior do sistema.[40]

Carlos Ari Sundfeld é enfático ao afirmar que

princípio jurídico é norma de hierarquia superior à das regras, pois determina o sentido e alcance destas, que não podem contrariá-lo, sob pena de pôr em risco a globalidade do ordenamento jurídico. Deve haver coerência entre os princípios e regras, no sentido que vai daqueles para estas.[41]

Este é, de rigor, o posicionamento mais acatado pela doutrina.

Em contrapartida, ao examinar a tormentosa questão da imunidade do livro eletrônico,[42] Eurico de Santi posicionou-se no sentido de que "as regras objetivam valores como diretivos de conduta. Subjetivar a regra em atendimento ao valor que lhe informa é 're-significar': é legislar interpretando."[43] Humberto Ávila, por sua vez, preconiza que "as regras consistem normas com pretensão de solucionar conflitos entre bens e interesses, por isso possuindo caráter "prima facie" forte e superabilidade mais rígida (isto é, as razões geradas pelas regras, no confronto com razões contrárias, exigem um ônus argumentativo maior para serem superadas); os princípios consistem em normas com pretensão de complementaridade, por isso tendo caráter 'prima facie" fraco e superabilidade mais flexível (isto é, as razões geradas pelos princípios, no confronto com razões contrárias, exigem um ônus argumentativo

---

40. *Sujeição passiva tributária*, p. 141.

41. *Fundamentos de direito público*, p. 139.

42. No julgamento do RE 330817, o Supremo Tribunal Federal decidiu que a imunidade tributária constante do art. 150, VI, alínea "d", da Constituição Federal se aplica ao livro eletrônico.

43. "Imunidade Tributária como Limite Objetivo e as Diferenças entre 'Livro' e 'Livro Eletrônico'", in *Imunidade tributária do livro eletrônico*, p. 60.

menor para serem superadas)."[44] E, posteriormente, conclui: "se as normas forem de mesmo nível hierárquico, e ocorrer um autêntico conflito, deve ser dada primazia à regra."[45]

As duas posições referidas evidenciam entendimentos radicalmente distintos, com consequências teóricas e práticas importantes. Presente o conflito entre um princípio e uma regra, ambos postos no mesmo plano hierárquico, as conclusões serão diferentes consoante a posição adotada pelo intérprete.

Para discorrer sobre as contribuições no direito tributário brasileiro, tema tão fortemente impregnado por valores constitucionalmente plasmados, é preciso aclarar os critérios utilizados para solucionar conflitos entre princípios e regras, valores e limites objetivos. Eis nosso próximo propósito.

1.8 Síntese conclusiva a respeito dos princípios e regras

A primeira missão do intérprete que se coloca diante do ordenamento jurídico, com o objetivo de atribuir-lhe feição sistêmica, consiste em estruturá-lo de forma hierárquica. A partir do reconhecimento de que há dicções de superior hierarquia, que determinam e delimitam o processo de concretização do direito, as estruturas normativas são construídas, desde as mais gerais e abstratas, até as individuais e concretas. A colidência entre normas de nível inferior em relação às de um plano superior tem, como solução natural, a prevalência da norma de mais alto nível, seja ela um princípio ou uma regra.

Os grandes problemas surgem em face de conteúdos prescritivos que apontam para direções opostas ou não coincidentes, postos no mesmo plano hierárquico, sendo um de caráter principiológico, e outro de natureza específica, que evidencie objetivamente uma decisão do legislador sobre uma situação ou conflito (regra). Qual haverá de prevalecer? Não

---

44. *Teoria dos princípios* – Da definição à aplicação dos princípios jurídicos, pp. 84 e 85.

45. Idem, p. 85.

existe resposta pronta, única, simples e objetiva para a infinidade de situações que se amoldariam a este figurino. Buscar identificar critérios objetivos para responder a esta indagação é, todavia, fundamental para quem se dispõe a proceder a uma descrição coerente do nosso sistema normativo.

Deveras, a invocação de princípios como o da solidariedade para o custeio da seguridade social, ou o da supremacia do interesse público sobre o privado, confere um alto grau de subjetividade à exegese constitucional. Tais princípios, isoladamente considerados, sem a contenção de uma série de regras postas também no plano constitucional, justificariam as mais arbitrárias e desmedidas decisões. Toda exigência tributária no campo das contribuições estaria automaticamente autorizada pela prevalência do princípio da solidariedade, a depender do alcance que se desse a essa diretriz constitucional. Os abusos do fisco estariam legitimados pela supremacia do interesse público sobre o privado. De outra parte, o exercício do poder de polícia pelo Estado restaria cerceado pelo princípio da livre iniciativa. Efetivamente, a aplicação de cada um dos princípios comporta temperamentos. O próprio legislador constituinte cuidou de fixá-los. É dizer, não se quedou inerte ante a inafastável subjetividade imanente às grandes diretrizes e optou por assegurar contornos mais precisos a esses direcionamentos, mediante regramento objetivo.

Os princípios constitucionais, cumprindo a função estruturante a que alude Canotilho,[46] fixam diretrizes a serem observadas seja pelo legislador infraconstitucional, seja pelos operadores do direito. Essas prescrições, de cunho genérico, amplo, já recebem um direcionamento específico, uma redução de amplitude por força de regras postas no mesmo plano hierárquico. Tais regras revelam, em rigor, decisões e definições assumidas pelo legislador constituinte, no sentido de dar maior efetividade ao princípio.

---

46. *Direito constitucional e teoria da constituição*, p. 345.

CONTRIBUIÇÕES
REGIME JURÍDICO, DESTINAÇÃO E CONTROLE

De outra parte, dizer que os princípios prevalecem sobre as regras, em exegese eminentemente constitucional, sobre conferir exacerbado grau de subjetividade ao intérprete, dificulta o controle da própria realização do fim colimado. O alto grau de abstração de uma prescrição constitucional pode, a depender do direcionamento que a ela se dê, ser a solução de todos os problemas ou a causa de todos os males.

Consciente de que, quanto mais aberto for o conteúdo normativo, mais difícil será o seu controle e, consequentemente, menos eficaz a dicção constitucional, o legislador constituinte de 1988 cunhou Texto Constitucional que estabelece os princípios estruturantes do nosso sistema jurídico, e que fixa uma série de regras delimitadoras do sentido e alcance desses princípios, a fim de permitir um maior controle dos fins almejados. Quisesse trilhar caminho diverso, teria o legislador constituinte de 88 optado por Carta de caráter puramente principiológico, em relação à qual só haveria conflitos ou colisões entre normas de diferentes hierarquias. Não foi esse o caminho escolhido. Como corolário, entendemos ser de fundamental importância, em face da atual Carta Constitucional, reconhecer que os princípios positivados estão submetidos às regras insertas no mesmo Texto, que lhe darão feição mais específica, permitindo um melhor controle de sua realização. Do cotejo entre a significação dos princípios e das regras que definem e circunscrevem de forma mais precisa o mecanismo de realização desses princípios, exsurgirá, como resultante, a efetiva dicção constitucional.

Nesse contexto, os princípios que encerram limites objetivos, como, por exemplo, o da anterioridade, refletem, verdadeiramente, a decisão do legislador constituinte de regrar, com maior objetividade, um mandamento, em detrimento de uma prescrição mais aberta, principiológica, como seria o princípio da não surpresa ou o da própria segurança jurídica.[47]

_____

47. Destacamos que o princípio da segurança jurídica recentemente ganhou novos contornos no plano infraconstitucional. A Lei nº 13.655, promulgada no ano de 2018, alterou a Lei de Introdução às Normas do Direito Brasileiro – LINDB, para introduzir dispositivos que buscam assegurar o princípio da segurança jurídica na esfera administrativa.

Em síntese, em decorrência da amplitude e abrangência das normas constitucionais, a sua interpretação dá ensejo a maiores dificuldades.[48] Temos como cediço que, quanto maior for a possibilidade de controle de uma norma jurídica, mais efetiva será sua aplicação. O exercício desse controle pressupõe clareza e precisão normativas. Ao contrapor às diretrizes principiológicas regras de menor abrangência, o legislador constituinte, a um só tempo, revela como pretende dar efetividade ao princípio e permite um melhor controle de sua aplicação.

1.9 Os ramos didaticamente autônomos do Direito

Todo aquele que se coloca, com pretensões cognoscitivas, perante o direito posto se vê às voltas com a dificuldade de precisar os lindes de cada ramo didaticamente autônomo do Direito. A definição de onde se inicia e exatamente onde se encerra o estudo daquele que se dedica a um tema tributário haverá sempre de render espaço a muita controvérsia. Paulo de Barros Carvalho esclarece que

> o motivo desse embaraço está na necessidade de reconhecermos o caráter absoluto da unidade do sistema jurídico. Mesmo em obséquio a *finalidades didáticas*, não deixaria de ser a cisão do incindível, a seção do excecionável.[49]

Já houve, no passado, quem reivindicasse uma autonomia científica do Direito Tributário.[50] A discussão surgiu num momento histórico em que se propugnava pelo estudo do Direito Tributário no contexto de uma disciplina específica, isolada do Direito Financeiro. Esta posição extremada não se sustentou. O sistema jurídico é uno. A divisão em ramos didaticamente autônomos presta-se exclusivamente para melhor conhecer o objeto de estudo.

---

48. Cf. Konrad Hesse, *Escritos de derecho constitucional* (Selección), p. 34.

49. *Curso de direito tributário*, p. 13.

50. Nesse sentido, ver Fábio Fanucchi, *Curso de direito tributário brasileiro*, p. 16.

CONTRIBUIÇÕES
REGIME JURÍDICO, DESTINAÇÃO E CONTROLE

Para Ruy Barbosa Nogueira,

> o Direito Financeiro abrange tudo quanto na vida financeira do Estado seja suscetível de consideração jurídica. O Direito Financeiro é, pois, o ordenamento jurídico total das atividades financeiras do Estado, as quais compreendem a receita, a despesa, o orçamento e o crédito públicos. O Direito Tributário é um capítulo do Direito Financeiro e ele se refere àquela parte da receita que diz respeito ao fenômeno jurídico da relação entre tesouro público e contribuinte.[51]

Não há como negar a umbilical relação do Direito Tributário com o Direito Financeiro e com o Direito Administrativo e, fundamentalmente no Brasil, com o Direito Constitucional. Em razão da opção legislativa de nossos legisladores constituintes, o Direito Tributário radica na Constituição, inserindo-se assim, necessariamente, no contexto do Direito Constitucional. Mas não é só. O exemplo de Paulo de Barros Carvalho, a partir da regra-matriz do IPTU,[52] mostra também a relevância de noções de Direito Civil para compreender o fato gerador desse tributo. Em súmula, a autonomia é meramente didática e, a nosso ver, deve ser vista com imensa cautela.

Nesse contexto, merece registro o efetivo esforço de depuração do Direito Tributário, em relação a uma série de conceitos próprios de outras Ciências. Incrustado inicialmente no Direito Financeiro, as primevas lições de Direito Tributário são fortemente influenciadas por conceitos e preconceitos da Ciência das Finanças e das Ciências Econômicas. Houve um esforço de depuração. Buscou-se exclusivamente o dado jurídico. Como corolário desse esforço de depuração do Direito Tributário chega-se, por vezes, ao extremo oposto. Ignora-se a dicção normativa, claramente relevante para o Direito Tributário, porque primariamente afeta ao Direito Financeiro ou Econômico.

---

51. Direito Financeiro (*Curso de direito tributário*), p. 03.

52. *Curso de direito tributário*, p. 14.

PAULO AYRES BARRETO

Com sua autoridade, Aliomar Baleeiro explica a origem das disputas que têm provocado tal distorção interpretativa. São suas palavras:

> Os homens d'Estado, os legisladores e funcionários se inspiram nas observações e lições dos economistas e financistas para que a elaboração e execução das normas jurídicas financeiras atinjam os fins da política legislativa do país. E como, na época atual, já ninguém contesta que a atividade financeira pode ser neutra, os juízes buscam nos fins das leis a bússola para interpretação do Direito Tributário.
>
> Nem sempre os autores se conformaram com isso. Antes da vivificação dos estudos econômicos pela teoria das estruturas, financistas, sobretudo italianos, tentaram afastar de seu estudo quaisquer dados institucionais. E juristas de Direito Fiscal revidaram com o divórcio entre Finanças e Direito Financeiro, restringindo o estudo deste ao conteúdo da norma, sem qualquer condescendência com o que reputavam extrajurídico ou metajurídico.[53]

Na assunção de posturas radicais, nas quais é dado por extrajurídico, ou da Ciência das Finanças, aquilo que é eminentemente jurídico (porquanto clara e decisivamente positivado), reside o grande motivo para esse divórcio entre Direito Financeiro e Direito Tributário.

A depuração do que venha a ser conceito próprio de outra ciência é fundamental. As perspectivas a partir das quais se estuda Ciência das Finanças e Direito Financeiro são distintas. Ensina Ferreiro Lapatza que

> *Economía financiera y Derecho financiero coinciden en el objeto real que estudian: la actividad financiera. Difieren en el punto de vista, en el aspecto considerado, en la perspectiva que asumen. La economía financiera se encuadra en el marco general de la ciencia económica. El Derecho financiero pertenece al mundo de la ciencia jurídica.*[54]

---

53. *Direito tributário brasileiro*, p. 07.

54. *Curso de derecho financiero español* – Derecho Financeiro (Ingresos. Gastos. Presupuesto), vol. 1, p. 23.

CONTRIBUIÇÕES
REGIME JURÍDICO, DESTINAÇÃO E CONTROLE

A cada ciência, um método. À Ciência do Direito cabe examinar a atividade financeira exclusivamente a partir dos comandos prescritivos que a ela digam respeito. Esse dado é jurídico. Desconhecê-lo ou atribuir-lhe caráter extra ou meta-jurídico são posições, uma e outra, equivocadas.

Luciano da Silva Amaro posiciona-se de forma incisiva sobre o tema, aduzindo que

> o dado da ciência das finanças só é um *dado metajurídico* enquanto ele não se juridiciza; nesse momento, ele passa a ser um dado jurídico, como ocorre, aliás, noutros campos do conhecimento humano: as trocas entre os agentes econômicos (p. ex., a compra e venda, em que a moeda é permutada por um bem econômico) são um fenômeno da economia, mas, no momento em que o direito se apropria desse dado e o juridiciza, ele passa a ser um fenômeno jurídico. Noutras palavras, sempre que um fenômeno (corresponda ele a um fato econômico, ou financeiro, ou social, ou natural – como o fato do nascimento – etc.) é objeto de disciplina jurídica, ele adquire foros de cidadania nos domínios do direito. Se a tipificação desse fenômeno não pode apartar-se do *regime jurídico que lhe é peculiar*, como ignorar o dado (que, juridicizado, *compõe* esse regime jurídico), a pretexto de que ele foi fornecido por outra ciência?[55]

Estamos convencidos de que aspectos econômicos e financeiros, que foram efetivamente positivados, continuam sendo tratados como se não pertencessem ao mundo do direito; como se não exercessem, por vezes, papel decisivo na demarcação de uma entidade jurídica. Fomos de um extremo ao outro. Partimos de uma situação na qual conceitos jurídicos e de Ciência das Finanças eram tratados sem o necessário corte metodológico, como se pertencessem a uma mesma Ciência, e chegamos ao estágio em que as prescrições normativas de Direito Financeiro não são consideradas como juridicamente relevantes. E ambas as posições são equivocadas. É preciso dar consequência ao dado jurídico, independentemente de sua origem e sem perder de vista a unidade do sistema normativo.

---

55. *Direito tributário brasileiro*, p. 76.

Retomaremos o assunto ao examinarmos, com maior detença, as contribuições, no Capítulo III.

Perpassadas, ainda que sucintamente, questões fundamentais de Teoria Geral do Direito, e firmadas as premissas sobre as quais deduziremos nosso raciocínio para, ao final, assentarmos nossas conclusões, já é tempo de examinarmos como o tema das contribuições foi gizado no sistema constitucional brasileiro.

Capítulo II

TRIBUTOS NO SISTEMA
CONSTITUCIONAL BRASILEIRO

2.1 A opção do legislador constituinte de 1988 e seus efeitos jurídicos

Todo trabalho legislativo de natureza constituinte passa, em teoria, pela definição, dentre um leque de alternativas para estruturação do Texto Constitucional, do modelo a ser adotado. Dentre as alternativas que se apresentam, tem especial relevo a escolha de um texto genérico, sintético, de caráter meramente principiológico ou, diversamente, de um conjunto de prescrições mais específicas, que vise à redução dos graus de abstração ou subjetividade, na interpretação e aplicação do direito. A adoção de uma ou outra alternativa produz efeitos radicalmente distintos na ordem jurídica, cuja estruturação se inicia. Define-se, em síntese, a amplitude e o grau de liberdade para a atuação do legislador infraconstitucional. Geraldo Ataliba diz ser plástica a Constituição que "se adapta às variáveis necessidades dos tempos e das circunstâncias, porque suas fórmulas – por serem sintéticas e genéricas – deixam larga margem a seu desenvolvimento e integração, mediante leis ordinárias, costumes e interpretações variadas."[56] De outra parte, é "exaustivo e complexo o sistema constitucional que trace todos os contornos do sistema, de maneira hirta, nada relegando à legislatura."[57]

O sistema passível de ser erigido a partir da Constituição de 88 dista de ser sintético ou genérico. Não se caracteriza pela plasticidade. Ao revés, nossa Constituição é rígida. Cuida de talhar, minudentemente, diversos subsistemas, dentre eles o tributário. Com efeito, não há sistema constitucional que se assemelhe ao nosso, na extensividade no trato da matéria tributária. Tal opção legislativa, já de longa tradição no Brasil, produz relevantes efeitos jurídicos. Gostemos ou não dela, é forçoso reconhecer que foi o caminho escolhido pelo legislador constituinte. Em consequência, a aproximação que o intérprete haverá de fazer ao direito posto terá não apenas como ponto de partida a Constituição Federal; mais do que isso, exigir-se-á um longo e espinhoso trabalho exegético, realizado exclusivamente nesse plano constitucional, para então se perquirir sobre o conteúdo de comandos normativos infraconstitucionais.

Como salienta Sacha Calmon Navarro Coêlho, o Brasil é

> o país cuja Constituição é a mais extensa e minuciosa em tema de tributação. Este cariz, tão nosso, nos conduz a três importantes conclusões: *primus* – os fundamentos do Direito Tributário estão enraizados na Constituição, de onde se projetam altaneiros sobre as ordens jurídicas parciais da União, dos Estados e dos Municípios; *secundus* – o Direito Tributário posto na Constituição deve, antes de tudo, merecer as primícias dos juristas e dos operadores do Direito, porquanto é o texto fundante da ordem jurídico-tributária; *tertius* – as doutrinas forâneas devem ser recebidas com cautela, tendo em vista as diversidades constitucionais.[58]

Registre-se, por oportuno, que a opção pela extensividade prescritiva da Constituição brasileira revelou-se mais intensamente em algumas matérias, como a tributária. Em

---

56. *Sistema constitucional tributário brasileiro*, p. 14.

57. Geraldo Ataliba, *Sistema constitucional tributário brasileiro*, p. 20.

58. *Curso de direito tributário brasileiro*, pp. 47 e 48.

CONTRIBUIÇÕES
REGIME JURÍDICO, DESTINAÇÃO E CONTROLE

outras, como já destacamos anteriormente, o caminho trilhado foi outro. Se abrirmos hoje o Texto Constitucional, no capítulo dedicado ao sistema financeiro nacional, encontraremos um único dispositivo, vazado em termos bem genéricos, que delega à lei complementar a missão de estruturar tal sistema.[59]

Em matéria tributária deu-se o oposto. Se o legislador constituinte cuidou de repartir competências, classificar tributos, estabelecer os direitos fundamentais do contribuinte, fixar conceitos, repartir a receita tributária e vincular o produto arrecadado, já no plano constitucional, é nesse plano que haveremos de encontrar balizas, parâmetros, limites, mecanismos de controle da percussão tributária no Brasil. E, somente após o esgotamento da atividade interpretativa nesse plano, é que caberá o exame de conteúdos prescritivos postos em outros níveis hierárquicos.

No título VI da Carta Magna ("Da Tributação e do Orçamento"), temos o Capítulo I, "Do Sistema Tributário Nacional". Em breve digressão, procuraremos identificar os limites decorrentes do sistema positivado. Como já consignamos,[60] a ideia de sistema nos conduz à noção de limite. É necessário verificar o que a ele pertence e o que está fora dele; quais são as prescrições que delineiam o sistema tributário nacional; e o que, por consequência, não compõe o sistema de tributação erigido. O cuidadoso exame da outorga constitucional de competência, em matéria tributária, constitui uma primeira etapa no processo de identificação das características relevantes desse sistema.

2.2 Competência tributária

A Constituição Federal de 88 pode ser definida como uma verdadeira Carta de competências. O legislador contribuinte

---

59. Prescreve o art. 192, da Constituição Federal: "O sistema financeiro nacional, estruturado de forma a promover o desenvolvimento equilibrado do País e a servir aos interesses da coletividade, em todas as partes que o compõem, abrangendo as cooperativas de crédito, será regulado por leis complementares que disporão, inclusive, sobre a participação do capital estrangeiro nas instituições que o integram."

60. Ver item 1.2 do Capítulo I.

PAULO AYRES BARRETO

repartiu, de forma minudente, as competências impositivas dos entes tributantes. Vale dizer, definiu o espectro de atuação legiferante em matéria tributária. Nesse sentido, competência legislativa é, para Paulo de Barros Carvalho,

> a aptidão de que são dotadas as pessoas políticas para expedir regras jurídicas, *inovando* o ordenamento positivo. Opera-se pela observância de uma série de atos, cujo conjunto caracteriza o procedimento legislativo.[61]

Definida a competência pelo legislador constituinte,[62] tem o legislador infraconstitucional a faculdade de exercitá-la. Por vezes, tal faculdade assume a feição de um verdadeiro dever do ente tributante. É o que ocorre, por exemplo, com o ICMS.

Os comandos prescritivos que delimitam a competência tributária atribuída aos entes políticos (União, Estados, Municípios e o Distrito Federal) consubstanciam as normas de estrutura referidas anteriormente.[63] Muito se debate sobre o alcance de tais prescrições normativas. Para Roque Carrazza,

> a Constituição, ao discriminar as competências tributárias, estabeleceu – ainda que, por vezes, de modo implícito e com certa margem de liberdade para o legislador – *a norma padrão de incidência (o arquétipo genérico, a regra-matriz)* de cada exação. Noutros termos, *ela apontou a hipótese de incidência possível, o sujeito ativo possível, o sujeito passivo possível, a base de cálculo possível e a alíquota possível, das várias espécies e subespécies de tributos. Em síntese, o legislador, ao exercitar a competência tributária, deverá ser fiel à norma-padrão do tributo, pré-traçada na Constituição.*[64]

---

61. *Curso de direito tributário*, p. 217.

62. Roque Carrazza conceitua competência tributária como "*a* aptidão para criar, *in abstracto*, tributos, descrevendo, legislativamente, suas hipóteses de incidência, seus sujeitos passivos, suas bases de cálculo e suas alíquotas", *Curso de direito constitucional tributário*, p. 303.

63. Ver item 1.3 do Capítulo I.

64. *Curso de direito constitucional tributário*, p. 311 e 312.

CONTRIBUIÇÕES
REGIME JURÍDICO, DESTINAÇÃO E CONTROLE

Aires Barreto assim se manifesta sobre o tema:

> Facialmente informe, mas já insculpido nos seus traços ligeiros, o tributo se prefine na Constituição mesma.
>
> Obviamente, não se têm os contornos nítidos da hipótese de incidência, reservados à lei ordinária. Não obstante, cinzelada está a sua prefiguração, inscrita pela indicação da síntese do critério material, ou pela eleição dos contribuintes possíveis.[65]

Questão fulcral é precisar, exatamente, a margem de atuação do legislador infraconstitucional. Em outras palavras, precisar se todos os critérios que haverão de compor a regra-matriz de incidência estão efetivamente definidos na Constituição, como defende Roque Carrazza, ou, reversamente, se há uma boa margem de discricionariedade para a atuação do legislador, na medida em que o Texto Constitucional, ao referir as competências impositivas, alude a expressões que comportam um espectro maior de ações a elas relacionadas. Nesse sentido, não haveria referência na Constituição Federal, por exemplo, ao verbo a ser associado ao complemento "renda e proventos de qualquer natureza". A tal complemento poderia vincular-se o verbo "auferir" ou, diversamente, o verbo "pagar". À míngua de expressa previsão, abrir-se-iam ensanchas para uma livre opção por parte do legislador infraconstitucional.

Estamos convencidos de que se, no plano legal, há uma certa margem de discricionariedade para a definição dos precisos contornos da regra-matriz de incidência, há limites estabelecidos, no altiplano constitucional,[66] que restringem esse espectro de atuação. No exemplo adrede referido, conquanto o verbo "auferir" não tenha sido expressamente associado ao complemento "renda e proventos de qualquer natureza", a sua prevalência

---

65. *Base de cálculo, alíquota e princípios constitucionais*, p. 34.

66. Em notável obra, na qual examina o Imposto sobre a Renda, Roque Carrazza preleciona que "os contribuintes (pessoas físicas ou jurídicas) têm o direito constitucional subjetivo de só serem tributados pela pessoa política competente e, ainda, desde que observe a regra-matriz exacional, pré-qualificada no próprio Texto Supremo." *Imposto sobre a Renda (Perfil Constitucional e Temas Específicos)*, p. 33.

deflui da consideração de outros comandos normativos de igual hierarquia, como o princípio da capacidade contributiva. Realiza fato signo presuntivo de riqueza quem aufere renda. Aquele que a paga não manifesta capacidade contributiva, pois perde renda; não tem acréscimo, mas sim decréscimo patrimonial; não agrega riqueza nova. Logo, conquanto o verbo "auferir" não tenha sido expressamente referido na Constituição Federal, a interpretação que se coaduna com as demais prescrições nela contidas é a que associa o verbo "auferir" (ou outro de sentido equivalente) à expressão "renda e proventos de qualquer natureza."

Em súmula, o entrelaçamento das normas constitucionais, balizadoras do exercício da competência tributária impositiva, reduz a margem de liberdade de atuação do legislador infraconstitucional na composição das regras-matrizes de incidência tributária. Reconhecemos a existência de uma certa margem de discricionariedade para a precisa demarcação dos critérios conformadores da norma instituidora de tributo, desde que observadas as balizas fixadas constitucionalmente.

Não são poucos os limites, parâmetros e balizas postos no plano constitucional. As referências sígnicas constituem um primeiro e importante limite. O legislador constituinte, ao aludir aos vocábulos "renda", "serviços", "receita", "propriedade", "imposto", "taxa", "contribuição", dentre outros, estabelece um primeiro limite interpretativo, consistente na identificação de seus respectivos conteúdos semânticos.

Além dos limites semânticos, a decisão de se dar feição às espécies tributárias, já no plano constitucional, impõe, como corolário, a necessidade de se investigar quais são essas espécies, em que se diferenciam e qual o regime jurídico aplicável a cada uma delas. Esse esforço exegético haverá de se pautar, exclusivamente, pelas disposições constitucionais correlacionadas ao tema, prescindindo-se, assim, em primeira aproximação, das prescrições veiculadas pelo Código Tributário Nacional. Para tanto, é fundamental ter presente o relevo dos conceitos constitucionais e os mecanismos de que dispomos para apreendê-los. Cabem, pois, algumas reflexões sobre os conceitos na Constituição.

2.3 Conceitos constitucionais

Todo Texto Constitucional traz, em seu bojo, uma série de signos, cujo sentido pode ser obtido a partir de diferentes perspectivas. Há conceitos definidos primariamente pela própria Constituição. Há signos mencionados, com função prescritiva, em relação aos quais se assume venha a prevalecer a sua acepção de base, seu sentido técnico-jurídico preexistente. Significações específicas no discurso jurídico devem ser obtidas a partir dos textos normativos ou do uso de juristas, e não dos dicionários.[67] Como predica Karl Larenz,

> termos que obtiverem na linguagem jurídica um significado específico, como, por exemplo, contrato, crédito, impugnabilidade, nulidade de um negócio jurídico, herança, legado, são usados nas leis, na maioria das vezes, com este significado especial.[68]

Não é usual a preocupação do legislador constituinte em estabelecer, claramente, conceitos no plano constitucional. As referências terminológicas surgem como se unívocas fossem suas significações. Se, de um lado, essa univocidade não existe, é necessário reconhecer, de outro, que tais referências delimitam as possibilidades interpretativas.

Misabel Derzi ensina:

> O conceito secciona, seleciona. Quanto maior, então, for a abstração, tanto mais abrangente será o conceito, porque abrigará um maior número de objetos e, em contrapartida, tanto mais vazio será de conteúdo e significado.[69]

Há duas posturas, radicalmente distintas, adotadas pela Dogmática Jurídica, diante dos signos constitucionais. Para os adeptos da teoria legalista, o legislador infraconstitucional teria ampla margem de liberdade para manipular o conteúdo

---

67. Cf. Ricardo Guastini, *Distinguiendo: estudios de teoría y metateoría del derecho*, p. 229.

68. *Metodologia da ciência do direito*, p. 452.

69. *Direito tributário, direito penal e tipo*, p. 35.

PAULO AYRES BARRETO

semântico dos vocábulos postos no Texto Constitucional. O conceito de renda, exemplificativamente, seria aquele definido pela Lei. Já tivemos a oportunidade de refutar a aplicação da teoria legalista em nosso sistema jurídico.[70] Deveras, qual teria sido o sentido de se conformar um Texto Constitucional rígido, que trata de forma exaustiva várias matérias, como, por exemplo, a tributária, para depois conferir ao legislador infraconstitucional poderes para tudo alterar, mediante livre estipulação de conceitos? Para ficar apenas em um exemplo dos efeitos que a prevalência dessa concepção teórica ensejaria, lembramos que a redação original de projeto de lei[71] que deu origem à Lei Complementar 104/2001 pretendia alterar o *caput* do art. 43 do Código Tributário Nacional, para dispor que o fato gerador do imposto sobre a renda passaria a ser a aquisição de receita. E, aprovado esse projeto, outro poderia advir para dizer que auferir renda é suportar prejuízo. Em síntese, em face da rígida discriminação de competência impositiva, plasmada constitucionalmente, a chamada teoria legalista não resiste a mais superficial análise.

---

70. Cf. Paulo Ayres Barreto, *Imposto sobre a Renda e Preços de Transferência*, p. 69.

71. Preceituavam os arts. 43 e 44 do referido projeto: "Art. 43. O imposto sobre a renda e proventos de qualquer natureza tem como fato gerador a aquisição de disponibilidade econômica ou jurídica de receita ou de rendimento proveniente, a qualquer título, do capital, do trabalho ou da combinação de ambos. § 1º Constituem também fato gerador do imposto de que trata o caput, os acréscimos patrimoniais, de qualquer natureza. § 2º O imposto não incidirá sobre os acréscimos de que trata o parágrafo anterior, quando forem decorrentes de receita ou de rendimento sujeitos à tributação nos termos do *caput*. § 3º A incidência do imposto independe da denominação da receita ou do rendimento, da localização, condição jurídica ou nacionalidade da fonte, da origem e da forma de percepção. § 4º Na hipótese de receita ou de rendimento oriundos do exterior, a lei estabelecerá as condições e o momento em que se dará sua disponibilidade, para fins de incidência do imposto referido neste artigo. Art. 44. A base de cálculo do imposto é o montante: I – da receita ou do rendimento, ou da soma de ambos, deduzidos os valores admitidos em lei, observados os limites por ela fixados em função da atividade econômica; e II – do acréscimo patrimonial, de qualquer natureza. § 1º A lei especificará as hipóteses e as condições em que se admitirá seja a base de cálculo do imposto determinada de forma presumida ou arbitrada. § 2º A base de cálculo presumida não poderá ser superior ao valor apurado na forma do caput, determinado em função dos limites ali referidos."

CONTRIBUIÇÕES
REGIME JURÍDICO, DESTINAÇÃO E CONTROLE

Uma segunda postura seria a de reconhecer a existência de um conceito constitucional posto ou pressuposto.[72] Vale dizer, caberia ao intérprete buscar identificar os conceitos constitucionalmente plasmados e tê-los como caracterizadores de verdadeiros limites a serem observados pela legislação de nível hierárquico inferior.[73] Essa segunda postura comporta variações, conforme se tenha presente um maior[74] ou menor nível de imprecisão ou vaguidade dos conceitos no âmbito constitucional. Por certo, reside nesse aspecto o grande desafio posto ao intérprete. Em outras palavras, até que ponto é possível encontrar, a partir de exegese eminentemente constitucional, os específicos contornos conceituais de cada signo positivado ou, reversamente, qual o espaço existente para que o legislador infraconstitucional colabore para precisar tais conceitos.

Estamos convencidos de que, em nosso sistema jurídico, cunhado minudentemente pelo legislador constituinte de 88, o labor exegético no sentido de reduzir fortemente a vaguidade ou imprecisão de conceitos constitucionais haverá de ser intenso. Acreditamos, ainda, que há bons caminhos para realizar tal mister.

A mera menção a um signo, como "tributo", no Texto Magno impõe, como esforço exegético inicial, investigação sobre o uso dos juristas em contexto anterior à instalação da nova ordem jurídica. Sobre terem conteúdos semânticos aferíveis em cotejo com nossos dicionários, os signos constitucionais têm um uso jurídico conhecido, passível de ser investigado. Não há dúvida de que havia, no momento da instalação da nova ordem jurídica, um conceito conhecido, de certa forma sedimentado, de tributo. Logo, o primeiro esforço será o de reconhecer esse conceito. Ato contínuo, impende examinar se tal conceito confirma-se em face desta nova ordem ou se foi por ela alterado.

---

72. Ver, a propósito, José Artur Lima Gonçalves, *Imposto sobre a Renda* – Pressupostos Constitucionais.

73. Especificamente sobre o conceito de renda, ver também Roberto Quiroga Mosquera, *Renda e proventos de qualquer natureza*. O Imposto e seu Conceito Constitucional.

74. Nesse sentido, ver Ricardo Lobo Torres, *Sistemas constitucionais tributários*, p. 310.

Nesse sentido, Andrei Pitten Velloso classifica os conceitos constitucionais em recepcionados ou autônomos, advertindo que

> não se presume o acolhimento de conceitos autônomos. Pelo contrário, deve-se fundamentá-lo adequadamente, de forma a preterir a regra *prima facie* de incorporação dos conceitos preexistentes, que é assentada na regra do "uso comum" e impõe ao intérprete trabalhar inicialmente com a hipótese de que a Constituição não se afastou das convenções linguísticas preexistentes, sujeitando-a a confirmação sistemática.[75]

E prossegue, ao reconhecer que "as regras de incorporação *prima facie* de conceitos preexistentes, não sendo regras *a priori*, só são passíveis de superação por robustas razões em contrário, consagrando-se, assim, conceitos autônomos."[76]

As convenções linguísticas preexistentes devem ser um primeiro e importante parâmetro na busca das significações constitucionais. Evidentemente, alterações podem ser levadas a efeito, o que se apura mediante interpretação das novas prescrições normativas.

Em síntese, cabe ao intérprete, em face de cada signo constitucional, perquirir sobre sua recepção com base na sua acepção jurídica preexistente ou avaliar se ocorreu alteração (positivação de conceito autônomo), demonstrável em exegese sistemática da novel ordem jurídica. Destarte, não é livre o legislador infraconstitucional para dar a feição que lhe convém ou lhe parece mais adequada, aos conceitos constitucionais referidos (art. 110 do CTN). Quanto mais extenso for o rol de prescrições constitucionais e, consequentemente, a referência a termos que nos permitam concluir pela recepção de conceitos preexistentes, maior será a possibilidade de uma definição estrutural do sistema já no plano constitucional. Como corolário, é forçoso admitir que sistemas normativos com essas características circunscrevem significativamente o

---

75. *Conceitos e competências tributárias*, p. 331.

76. Idem, p. 332.

espectro de atuação do legislador infraconstitucional. É o que, de modo efetivo, ocorre hodiernamente no Brasil.

2.4 Conceito de tributo

A primeira investigação conceitual a ser empreendida haverá de se centrar no vocábulo "tributo". Em torno desse conceito, estrutura-se todo o sistema tributário. Conhecê-lo é o ponto de partida necessário para, de um lado, apartar o que a esse sistema não pertence e, de outro, compreender as unidades normativas que a ele se subsumem.

Alguns aspectos sobre o ato ou ação de definir uma palavra merecem registro. Ao buscar a definição de tributo – como de resto ocorreria com a definição de qualquer outro signo – algumas regras devem ser observadas.

L. Susan Stebbing, após mencionar que a palavra que se pretende definir designa-se tradicionalmente *definiendum*, e a frase definitória, *definiens*, enumera as seguintes regras relacionadas ao ato de definir: em relação à natureza da definição, tem-se que: 1) o *definiens* deve ser equivalente ao *definiendum*, ou seja, nem mais amplo, nem mais estreito; em relação às regras afeitas ao propósito da definição, tem-se que: 2) o *definiens* não deve incluir nenhuma expressão que apareça no *definiendum* ou que só possa se definida a partir dele (*definiens*); 3) o *definiens* não deve ser expresso em linguagem obscura ou figurativa; e, por fim, 4) o *definiens* não deve ser negativo em sua significação, a menos que o *definiendum* seja primordialmente negativo em sua significação.[77]

Essas regras devem ser observadas em relação a toda e qualquer definição. Nas manifestações doutrinárias sobre o conceito de tributo, dois aspectos sobressaem com muita nitidez: (i) a análise é, em geral, empreendida à luz do que dispõe

---

77. *Introducción a la lógica moderna*, p. 199.

o art. 3º do Código Tributário Nacional; (ii) dedica-se, com maior ênfase, à investigação das espécies tributárias.

Nos termos em que foi estruturado o sistema tributário na Constituição de 88, é força convir sobre a existência de um conceito constitucional de tributo. Como acentua Estevão Horvath, "no Brasil, o Direito Tributário é, praticamente todo ele, disciplinado pela Constituição Federal, o que implica concluir que a lei infraconstitucional, se pretender definir esta categoria jurídica, não o poderá fazer desconsiderando as diretrizes da Lei Maior."[78] Se tomarmos em conta a classificação referida no tópico anterior, cabe perquirir se o conceito de tributo foi recepcionado pela novel Carta Magna ou se é autônomo.

O uso jurídico conhecido de tributo tem o conteúdo de "obrigação jurídica pecuniária, *ex lege*, que se não constitui em sanção de ato ilícito, cujo sujeito ativo é uma pessoa pública (ou delegado por lei desta), e cujo sujeito passivo é alguém nessa situação posto pela vontade da lei, obedecidos os desígnios constitucionais (explícitos ou implícitos)"[79], para referir as lições de Geraldo Ataliba.

Paulo de Barros Carvalho, em aturada pesquisa, identificou o uso do signo 'tributo' em seis acepções distintas:

> a) "tributo" como quantia em dinheiro;
>
> b) "tributo" como prestação correspondente ao dever jurídico do sujeito passivo;
>
> c) "tributo" como direito subjetivo de que é titular o sujeito ativo;
>
> d) "tributo" como sinônimo de relação jurídica tributária;
>
> e) "tributo" como norma jurídica tributária;
>
> f) "tributo" como norma, fato e relação jurídica.[80]

---

78. *Contribuições de intervenção no domínio econômico*, p. 09.

79. *Hipótese de incidência tributária*, p. 34.

80. *Curso de direito tributário*, p. 19.

CONTRIBUIÇÕES
REGIME JURÍDICO, DESTINAÇÃO E CONTROLE

Em quatro das acepções acima elencadas ("a", "b", "c" e "d"), põe-se o foco na relação jurídica tributária. Nas duas últimas ("e" e "f"), tem-se em consideração o antecedente e o consequente da norma tributária.

Várias alusões ao vocábulo tributo e suas espécies, na Constituição de 88, confirmam a incorporação do conceito preexistente de tributo. Em análise sistêmica que tome em consideração exclusivamente a nova ordem jurídica instalada, é possível construir conceito de tributo com a significação que prevalecia sob a vigência da ordem anterior. Deflui da Constituição Federal vigente a noção de tributo como obrigação de caráter pecuniário e compulsório, instituída em lei, que não decorra da prática de um ato ilícito, devida ao Estado (*lato sensu*) ou a pessoa por ele delegada, observados os limites constitucionalmente estabelecidos. Essa noção constitucional é compatível com a dicção do art. 3º do Código Tributário Nacional, que, por assim ser, teria sido recepcionado por esse novel sistema constitucional. Por outro giro, o Texto Constitucional de 1988 incorporou o conceito de tributo preexistente. Acreditamos, ainda, que essa definição constitucional de tributo obedece às regras mencionadas por L. Susan Stebbing.

De outra parte, é preciso enfatizar a relevante alteração surgida em relação à possibilidade de se determinar a natureza jurídica específica do tributo. Não há mais espaço para se predicar a irrelevância da destinação legal do produto da arrecadação. Ao revés, a vinculação do montante arrecadado a órgão, fundo ou despesa, em alguns casos, passa a determinar a espécie tributária, o que demonstraremos com vagar ao cuidar, no próximo capítulo, das contribuições como espécie tributária autônoma. Assim, o art. 4º, II, do Código Tributário Nacional não foi recepcionado pela Constituição Federal em vigor.

Se colocarmos sob foco a natureza tributária das contribuições, poderemos consignar, inclusive, uma outra acepção de tributo, como "montante arrecadado coativamente, tendo em vista o atendimento de uma finalidade constitucional".

37

Acrescente-se a seguinte observação: não é o regime jurídico atribuído a uma obrigação que lhe predica a natureza tributária. O caráter tributário decorre da subsunção da exigência ao conceito de tributo. Presentes as notas que o caracterizam, impõe-se o reconhecimento de que tributo se trata e que, consequentemente, o regime jurídico aplicável é o tributário, ainda que não seja ele idêntico para todas as espécies tributárias.

Além disso, não basta a pretensão do legislador de desvestir uma exigência de sua natureza tributária. É preciso que os enunciados prescritivos não infirmem tal pretensão. Na ordem jurídica anterior, o então Ministro do Supremo Tribunal Federal, Oscar Corrêa, ao analisar questão relativa a terem ou não caráter tributário as contribuições, após a vigência da Emenda Constitucional 8/77, desenvolve argumento na linha do entendimento acima esposado:

> Que pretendeu a Emenda 8/77 desvestir do caráter tributário as contribuições, não há recusar, expresso na fundamentação da proposta. A nós examinando o texto que redundou dessa alteração, parece-nos que não atingiu o intento. Não se trata, pois, de concepção doutrinária que pretenda desautorizar a pretensão do legislador; mas da falha de enunciação da norma, que não atinge, com a nova disposição, o pretendido por ele.
>
> Se as concepções doutrinárias não se podem opor ao texto das leis, também não se admite que a este sobreleve a intenção que os ditou, se afinal, não se corporificou neles. E disso não tem culpa o juiz, que aplica o texto, sem medir a intenção de que o originou.[81]

---

81. Recurso Extraordinário n. 100.790/SP, Tribunal Pleno, Rel. Min. Francisco Rezek, publicado no *DJ* de 13.03.1987. Prossegue ainda o Ministro Oscar Corrêa, para afirmar: "Convoca o eminente Ministro Francisco Rezek o ensinamento do mestre Aliomar Baleeiro, "jurisperito, estadista e pensador inigualável" – a quem, com S. Exa. rendemos o preito de saudade, marcado pela admiração e convívio de quase três décadas e acentua que comentou ele, "nas derradeiras edições de seu Direito Tributário, o artigo 217 do CNT, sem uma única sílaba que o reputasse conflitante com a regra constitucional de exclusividade do imposto único; não obstante o fato de que, anterior à Emenda 8, esse comentário qualificou como tributos as contribuições parafiscais. (*Direito tributário brasileiro*, Rio de Janeiro: Forense, 6ª ed. – 1974 – págs. 568/571)."

CONTRIBUIÇÕES
REGIME JURÍDICO, DESTINAÇÃO E CONTROLE

Em síntese, presentes as notas típicas de tributo, impõe--se o reconhecimento de sua natureza específica, independentemente da denominação ou outras pretensões do legislador que não tenham sido efetivamente enunciadas.[82]

A acepção de tributo como montante arrecadado coativamente, tendo em vista o atendimento de uma finalidade constitucional, conduz-nos a um exame da teoria das causas em matéria tributária, ou seja, se as teorias causais aplicáveis às relações obrigacionais de cunho privado são também aplicáveis às relações tributárias. Eis nosso próximo desafio.

2.5 Tributos e suas causas

Vem de há muito a discussão na doutrina sobre o elemento causal ou fundamento do tributo e, por consequência, da obrigação tributária. O descompasso doutrinário inicia-se com o próprio conceito de causa, e cresce na medida em que questiona se a causa é integrante ou não da relação jurídica. Nasce no direito obrigacional privado e tem seus desdobramentos nos debates que se travam em torno da obrigação tributária. Em estudo em que esmiúça o tema, Gilberto de Ulhôa Canto traça um paralelo entre a obrigação no Direito Privado e no Direito Tributário.[83] Inicia sua exposição lembrando que o "conceito filosófico de causa é sempre relacionado ao de efeito, no sentido de que este se origina daquela, que o antecede em cronologia e lhe está intimamente ligado como condição dinâmica de sua existência."[84] Adverte que o conceito de causa comporta variações,

---

82. Em relevante contribuição à Ciência do Direito, Tárek Moysés Moussallem examina, com rigor, as fontes do direito tributário e distingue o fato enunciação, o fato jurídico enunciação-enunciada e o fato jurídico enunciado-enunciado. Fontes do Direito Tributário, pp. 147 a 149. Na decisão comentada, os enunciados-enunciados corroboravam o entendimento do Ministro Oscar Corrêa, de que as contribuições não perderam o caráter tributário, mesmo após a vigência da Emenda 8/77.

83. "Causa da Obrigação Tributária", in *Temas de direito tributário*, pp. 286 a 333.

84. "Causa da Obrigação Tributária", in *Temas de direito tributário*, p. 287.

conforme se adote uma concepção tomística, que põe em relevo a causa final (a finalidade é determinante da ação) ou aristotélica, que distingue as causas em formais (relação necessária entre antecedente e consequente), eficiente (produtora de uma transformação) e final (razão que determina a transformação). Em sua visão, "o conceito de causa transportado para o direito foi o tomístico."[85]

Analisando as diversas correntes teóricas sobre o assunto, identifica sete proposições para a causa da obrigação tributária: "1) vantagens resultantes para o indivíduo, dos serviços públicos; 2) a lei; 3) os pressupostos de fato da própria obrigação; 4) os princípio legais e constitucionais; 5) a capacidade contributiva; 6) conjugação de mais de uma doutrina (mistas); 7) necessidade do Estado dispor de meios econômicos para o preenchimento de fins coletivos. E ainda seria necessário acrescentar uma referência aos que julgam descabido o problema da causa, em se tratando da obrigação tributária (anticausalistas)."[86]

Gilberto de Ulhôa Canto acaba por admitir a causa como relevante para a obrigação tributária apenas nas taxas de serviço e, ainda assim, naquelas em que o contribuinte pode aceitar ou não o serviço, hipótese na qual a causa seria a contraprestação. Nos outros casos, seria mais "adequado falar-se de um fundamento do direito do Estado ao tributo, *in genere*, e este consiste na necessidade do Estado contar com meios econômicos para poder cumprir seus fins coletivos."[87]

Merece registro a posição inicial[88] sobre o tema de Benvenuto Griziotti[89], para quem

---

85. "Causa da Obrigação Tributária", in *Temas de direito tributário*, p. 288.

86. "Causa da Obrigação Tributária", in *Temas de direito tributário*, p. 307 e 308.

87. "Causa da Obrigação Tributária", in *Temas de direito tributário*, p. 333.

88. Posteriormente, Griziotti altera sua posição para defender, sob a influência de Dino Jarach, que a causa é a capacidade contributiva enquanto sintoma da participação do contribuinte nas vantagens gerais e particulares decorrentes da atuação estatal.

89. Ernst Blumenstein acolhe a posição inicial de Griziotti apenas em relação às taxas e contribuições que, na sua visão, são tributos causais. Num segundo momento,

CONTRIBUIÇÕES
REGIME JURÍDICO, DESTINAÇÃO E CONTROLE

la causa de la exación del impuesto es siempre la prestación de la actividad o de un servicio que efectúa la Sociedad constituyente del Estado y que beneficia a los particulares contribuyentes en cuanto forman parte del Estado.[90]

Dino Jarach desenvolve o tema e defende que a causa, nos impostos, residiria na capacidade contributiva; nas taxas, na contraprestação de um serviço administrativo; e na contribuição, na vantagem econômica auferida pelo particular, em razão de uma obra pública ou de um gasto a que esteja submetido.[91]

Em sua tese de titularidade, Luís Eduardo Schoueri reconhece relevo jurídico no exame da causa no Direito Tributário brasileiro. Após longa digressão sobre o tema, conclui que "na disciplina dos impostos se encontram, de um lado, normas cuja causa (justificação) se encontra na necessidade financeira do Estado e outras cuja causa (justificação) reside na intervenção do Estado sobre o Domínio Econômico."[92] Destaca ainda a importância do exame da causa nas taxas, empréstimos compulsórios, contribuições sociais e especiais.[93]

Para José Eduardo Soares de Melo, as causas dos tributos estariam associadas também à "vinculação de seus destinos (gerais para os impostos, e específicos para as taxas, empréstimos compulsórios, contribuições de melhoria e gerais)."[94]

Examinemos, ainda que sucintamente, as principais objeções que são feitas à teoria das causas. Dividem-se em dois

---

abandona a teoria das causas, atribuindo-lhe caráter especulativo. "La Causa nel Diritto Tributario Svizzero", in *Rivista di Diritto Finanziario e Scienza delle Finanze*, p. 355 e ss.

90. *Principios de política, derecho y ciencia de la hacienda*, p. 280.

91. *El hecho imponible*, p. 102.

92. *Normas Tributárias Indutoras e Intervenção Econômica*, p. 165 e 166.

93. Idem, p. 168 a 203.

94. Contribuições Sociais no Sistema Tributário, p. 34.

grupos: (i) os que refutam a teoria independentemente de sua formulação; e (ii) os que a rechaçam a partir de inconsistências internas na formulação da teoria. Configurariam objeções do primeiro grupo:

a) às obrigações que resultam diretamente da lei não se aplicaria a teoria da causa, uma vez que a vontade, elemento das obrigações negociais, não estaria presente;

b) perquirir sobre a causa da obrigação tributária implica extravasar os domínios do próprio direito, ensejando análise pré-jurídica, dado que, posta a lei, descabe cogitar das razões que a motivaram.

Dentre as manifestações que põem ênfase nas inconsistências internas das proposições elaboradas pelos que acolhem a teoria das causas, destaca-se a seguinte: se a causa da obrigação é a contrapartida de benefícios, vantagens ou serviços que o contribuinte recebe do Estado, a prova de não ter havido tal contrapartida infirmaria a obrigação tributária.

Fixemos algumas premissas importantes para o exame do tema. O signo "causa" comporta diferentes acepções. Vejamos algumas:

a) o signo "causa" pode ser examinado no contexto da causalidade jurídica. A relação jurídica decorre de dois fatos: o fato-causa, fato jurídico previsto no antecedente da norma, e o fato-efeito, relação jurídica decorrente do fato-causa, por força da imputação deôntica;[95]

b) o vocábulo "causa" pode, por outro lado, surgir em decorrência de investigação acerca das necessidades financeiras do Estado, a partir de conceitos próprios da Ciência das Finanças. Nessa acepção é que, por vezes, surge nas reflexões empreendidas a propósito

---

95. Cf. Paulo de Barros Carvalho, *Direito tributário* – Fundamentos Jurídicos da Incidência, p. 132.

CONTRIBUIÇÕES
REGIME JURÍDICO, DESTINAÇÃO E CONTROLE

da teoria das causas, dando ensejo a forte refutação, em razão de seu caráter pré-jurídico;

c)   a noção de causa pode referir o atendimento às razões ou fundamentos jurídicos (positivados), que atuam como pressuposto para o exercício da competência impositiva;

d)   em Direito Administrativo, examina-se a causa do ato administrativo. Segundo escólio de Celso Antônio Bandeira de Melllo, causa

> é o vínculo de pertinência entre o *motivo e o conteúdo* do ato. Pode-se defini-la como "a correlação lógica entre o pressuposto (motivo) e o conteúdo do ato em função da finalidade tipológica do ato". Com efeito: tal correlação só é reconhecível e só faz sentido em vista da finalidade legal correspondente ao ato.[96]

Aduz ainda Celso Antônio Bandeira de Melo que é "no âmbito da causa que se examinam dois tópicos extremamente importantes para a validade do ato, a saber: a) sua razoabilidade e b) sua proporcionalidade."[97]

Se considerarmos a causa nos tributos como nexo lógico entre o motivo da instituição do tributo e sua estrutura normativa em função da finalidade a ser atingida, com o objetivo de avaliarmos o atendimento de pressupostos para o exercício da competência impositiva, a aplicação da teoria das causas pode revelar-se importante.

Importa gizar que os sistemas jurídicos estruturam-se de formas distintas, tornando imperiosa a validação ou refutação de teorias gerais em face do direito posto. Nos Estados Unidos, por exemplo, a Constituição Federal outorga ao Congresso o poder para decretar e coletar impostos, direitos e exações, para pagar débitos e promover a defesa comum e o bem-estar dos Estados

---

96. *Curso de direito administrativo*, p. 249.

97. Idem, p. 250.

Unidos. Trata-se de prescrição genérica, de larga amplitude, e que, por conseguinte, deixa pouco espaço para o desenvolvimento de teorias jurídicas sobre a causa no Direito Tributário americano.

Diversamente, em sistemas jurídicos nos quais as espécies tributárias são definidas no plano constitucional, as diferenças específicas em relação ao gênero próximo são nele demarcadas, e a competência impositiva dos entes tributantes é minudentemente traçada, como ocorre no Brasil, pode ser pertinente o exame da aplicabilidade da "teoria das causas". Tudo dependerá, efetivamente, de como se estrutura o sistema tributário de cada país.

Entendemos que, no Brasil, se considerarmos a teoria da causa ou fundamento de um tributo, a partir do exame das normas de estrutura[98] que definem a competência tributária, a sua discussão, sobre ter procedência, oferece importantes subsídios para a compreensão de relevantes limites impositivos. O fundamento para o surgimento de norma tributária encontra-se constitucionalmente previsto. Circunscreve o exercício da competência impositiva e oferece importantes subsídios para o controle da percussão tributária. A avaliação do nexo lógico entre a causa da instituição do tributo e sua estrutura normativa, em função da finalidade a ser atingida, permitirá seja avaliado o atendimento de pressupostos para o exercício da competência impositiva.

Se ao que se visa é o atendimento das necessidades gerais da coletividade, só há autorização constitucional para a instituição de imposto. Nessa hipótese, descabe cogitar-se da possibilidade de se cobrar tributo de outra natureza. Diversamente, a prestação de serviços públicos específicos e divisíveis e o exercício do poder de polícia só poderão ser remunerados por intermédio de taxas. Por sua vez, a realização de obra pública, de que decorra valorização imobiliária, permitirá apenas a exigência de contribuição de melhoria. Por fim, em face de atividade estatal para atendimento de

---

98. Ver item 1.3 do Capítulo I.

CONTRIBUIÇÕES
REGIME JURÍDICO, DESTINAÇÃO E CONTROLE

finalidades constitucionalmente definidas e, portanto, com previsão de destinação do produto da arrecadação a órgão, fundo ou despesa, só há autorização constitucional para a instituição de contribuições.

O exame das espécies tributárias, nos termos estabelecidos pela nossa Carta Magna, dará contornos mais nítidos a essa posição e à conclusão de que a teoria das causas oferece importantes subsídios para uma adequada classificação das espécies tributárias. Classificá-las é o primeiro desafio. Para tanto, algumas considerações sobre o ato de classificar merecem registro.

2.6 Classificações no Direito

Descrever o ordenamento jurídico, com o objetivo de conferir-lhe feições sistêmicas, com caráter científico, é tarefa que exige, a todo instante, a formulação de conceitos e a elaboração de classificações. Para descrever o objeto a ser estudado, fixamos conceitos e propomos classificações. Sobre os conceitos, já falamos. Cuidemos agora das classificações.

Classificar é distribuir em classes, de acordo com um método ou critério previamente estabelecido. Compõem uma mesma classe os elementos que satisfaçam o critério eleito. Como predica Lourival Vilanova, "um conjunto não se constitui sem critério-de-pertinência."[99] É a partir da fixação desse critério que se afere a compatibilidade entre os elementos que conformam a classe.

De outra parte, a ação de classificar encerra um problema de perspectiva, de tal forma que haverá tantas classificações quantos forem os critérios eleitos para justificar a separação por classes. Nada obstante, a escolha inadequada de um critério ensejará classificação de pouco ou nenhum relevo. Como lembra Eduardo Garcia Maynez,

> posible sería, aun cuando enteramente ocioso, dividir los libros de una biblioteca atendiendo al color de sus tejuelos, o formar grupos

---

99. *Estruturas lógicas e o sistema do direito positivo*, p. 217.

PAULO AYRES BARRETO

de normas de acuerdo con el número de palabras de su expresión verbal. Las clasificaciones tienen únicamente valor cuando responden a exigencias de orden práctico o a necesidades sistemáticas.[100]

Nos exemplos referidos por Garcia Maynez, evidencia-se a irrelevância das classificações propostas por força da inadequação do critério eleito.

Definido o critério aglutinador dos elementos que compõem a classe, o passo seguinte consiste na identificação das espécies em relação ao gênero. Ensina Paulo de Barros Carvalho que

> os diversos grupos de uma classificação recebem o nome de espécies e de gêneros, sendo que espécies designam os grupos contidos em um grupo mais extenso, enquanto gênero é o grupo mais extenso que contém as espécies. A presença de atributos ou caracteres que distinguem determinada espécie de todas as demais espécies de um mesmo gênero denomina-se "diferença", ao passo que "diferença específica" é o nome que se dá ao conjunto de qualidades que se acrescentam ao gênero para a determinação da espécie, de tal modo que é lícito enunciar: a (E) espécie é igual ao (G) gênero mais a diferença específica (E=G+De).[101]

A separação dos diversos gêneros em classes distintas e a identificação, em cada classe, de suas espécies haverá de se pautar, em se tratando de classificação elaborada no plano da Ciência do Direito, pela consideração do direito posto. Trata-se, como adverte Eurico Marcos Diniz de Santi, "de proposição descritiva, e por isso há de manter coerência e fidelidade aos critérios previstos no direito positivo: sendo correta, é verdadeira; caso contrário, é falsa."[102]

Uma proposta classificatória que não tome em consideração as características e peculiaridades do direto positivo não

---

100. *Introducción al estudio del derecho*, p. 78.

101. "IPI – Comentários sobre as Regras Gerais de Interpretação da Tabela NBM/SH (TIPI/TAB)", in *Revista Dialética de Direito Tributário* n. 12, p. 54.

102. "As Classificações no Sistema Tributário Brasileiro", in *Justiça Tributária*, p. 132 e 133.

46

CONTRIBUIÇÕES
REGIME JURÍDICO, DESTINAÇÃO E CONTROLE

resistirá à submissão aos critérios de verdade/falsidade próprios da Lógica Alética. Celso Antônio Bandeira de Mello é incisivo:

> a operação lógica de classificar, por força há de se ater às características de 'direito', isto é, dos institutos e categorias, cujos ingredientes componentes são sistemas de normas, processos que definem um conjunto de efeitos imputáveis a determinadas situações e relações.[103]

Aspecto de fundamental importância para a análise de tais propostas de classificação dos tributos diz respeito à possibilidade de eleição de mais de um critério para a definição dos elementos que possam vir a compor uma classe. Por outro giro, de uma perspectiva lógica, é possível combinar diferentes critérios para a definição de uma única classe? A resposta a esta questão oferecerá importantes subsídios para o delineamento das espécies de tributos.

Marco Aurélio Greco sustenta que, ao se combinar mais de um critério para segregar os elementos de um conjunto, têm-se as chamadas classificações por propriedades, que se assemelham a simples enumerações de tipos que integram um determinado gênero.[104] Seria classificação que não atenderia aos postulados da Lógica Clássica, que são observados pela classificação por categorias.

Toda classificação jurídica haverá de, a um só tempo, atender aos primados básicos sobre os quais se assenta a teoria das classes[105] e refletir as peculiaridades do direito positivo. Como dissemos, classificar é distribuir em classes e, para tanto, é forçoso definir o critério-de-pertinência eleito, para então aferir a procedência da classificação e, consequentemente, a compatibilidade entre os elementos que conformam a classe.

---

103. *Natureza e regime jurídico das autarquias*, p. 361.

104. *Contribuições* (Uma Figura "Sui Generis"), p. 92 e 93.

105. Sobre o tema, ver Tárek Moysés Moussallem, *Revogação em matéria tributária*, pp. 40 a 49.

PAULO AYRES BARRETO

L. Susan Stebbing assinala que o "proceso de distinguir las subclases de una clase se llama *división lógica;* el proceso inverso es clasificación. El proceso de clasificar presupone el agrupamiento de individuos en clases; es útil solo cuando las clases que han de ser dispuestas de una manera ordenada tienen características importantes."[106] Afirma ainda que "la base de la división, es decir, la característica por medio de referencia por la cual se diferencian una de outra las subclases coordinadas, se conoce usualmente por su nombre latino: *fundamentum divisionis.*"[107]

Se partirmos da parte para o todo, classificamos; se, diversamente, o caminho é do todo para a parte, procedemos à divisão lógica. Na divisão lógica, as classes coordenadas devem ser formadas a partir da eleição de um, e somente um, fundamento para divisão (*fundamentum divisionis*). Trata-se de regra ou fundamento aplicável a toda classificação, jurídica ou de qualquer outra natureza. É fundamento próprio da teoria das classes, que não pode ser descurado nas classificações jurídicas. A eleição, de forma concomitante, de mais de um fundamento para dividir implica a chamada falácia da divisão cruzada.[108]

L. Susan Stebbing afirma que uma divisão correta deve obedecer às seguintes regras: "1) debe haber sólo un *fundamentum divisionis* en cada operación; 2) las clases coordinadas deben agotar colectivamente la superclase; 3) las operaciones sucesivas de la división deben tener lugar por etapas graduales."[109]

Examinando o tema, Tárek Moysés Moussallem, após referir que a divisão é a forma mais elementar de classificação,

---

106. *Introducción a la lógica moderna*, p. 145.

107. Idem, p. 186.   -

108. L. Susan Stebbing adverte que a falácia da divisão cruzada ocorre frequentemente e oferece o seguinte exemplo: "Si dividimos los idiomas de la humanidad en arios, semíticos, eslavos, camíticos y egipcio, incurrimos en esta falacia, puesto que egipcio antiguo cae dentro del grupo camítico y eslavos dentro de arios. Esta relación, ademas, no es exhaustiva." *Introducción a la* lógica moderna, p. 186.

109. *Introducción a la lógica moderna*, p. 186.

48

CONTRIBUIÇÕES
REGIME JURÍDICO, DESTINAÇÃO E CONTROLE

associa essas regras com as que referimos no exame das definições[110] e propõe a seguinte síntese:

> (a) deve haver somente um *fundamentum divisionis* em cada operação; (b) as classes coordenadas devem se excluir mutuamente; (c) as classes coordenadas devem esgotar coletivamente a superclasse; (d) as operações sucessivas da divisão devem ser efetuadas por etapas graduais; (e) as diferenças devem resultar da divisão da definição do dividido.[111]

E agrega, posteriormente, que "a observância das regras (a), (b), (c) e (d) evita que as subclasses se cruzem (classes cruzadas), impedindo que o cientista incorra na frequente falácia da divisão cruzada."[112]

Cumpre-nos despender esforço classificatório das espécies tributárias. A proposta de classificação haverá de, necessariamente, atender aos postulados que informam a teoria das classes.

Em síntese, as classificações jurídicas devem respeitar as regras lógicas acima descritas. Não se deve, de outra parte, descurar da necessária aderência ao direito posto. É esse o desafio de todo aquele que se propõe a elaborar classificações em Direito, com pretensões científicas.

2.7 Classificação das espécies tributárias

2.7.1 Considerações necessárias

A forte influência de conceitos próprios da Ciência das Finanças, nos primevos estudos produzidos em torno do Di-

---

110. Ver item 2.4 supra.

111. Tributação e Processo / *IV Congresso Nacional de Estudos Tributários*, realizado de 12/14 de dezembro de 2007. Classificação dos Tributos – Uma Visão Analítica. São Paulo: Noeses, 2007, p. 611-612.

112. Tributação e Processo / *IV Congresso Nacional de Estudos Tributários, realizado de 12/14 de dezembro de 2007. Classificação dos Tributos – Uma Visão Analítica*. São Paulo: Noeses, 2007, p. 612.

reito Tributário, motivou, como fenômeno de reação por parte de doutrinadores comprometidos com a identificação do dado jurídico por excelência, um significativo esforço de depuração desta influência. Nas disputas doutrinárias que envolvem a temática da classificação das espécies tributárias, tal esforço surge com intensidade. Nessa trilha, merece destaque a lição de Achille Donato Giannini, que diferencia o imposto da taxa e do tributo especial ou contribuição, a partir do fato jurídico que dá ensejo ao vínculo obrigacional.[113]

A busca de um critério eminentemente jurídico para classificar os tributos em espécies pautou também as elaborações doutrinárias de juristas brasileiros.[114] Alfredo Augusto Becker propugna que o "critério de investigação da natureza jurídica do tributo que se demonstrará ser o único verdadeiramente objetivo e jurídico, parte da *base de cálculo* para chegar ao conceito de tributo."[115] Após proscrever a utilização de princípios ou conceitos da Ciência das Finanças para a verificação do gênero jurídico dos tributos, propõe classificação bipartida dos tributos, em imposto e taxa.[116]

Geraldo Ataliba classifica os tributos em vinculados e não vinculados a uma atuação estatal, a partir do exame do aspecto material da hipótese de incidência tributária. São suas palavras:

> a materialidade do fato descrito pela h.i. (aspecto material da h.i.) de todo e qualquer tributo ou é uma (1) atividade estatal ou (2) outra coisa qualquer. Se for uma atividade estatal o tributo

---

113. *Istituzioni di diritto tributário*, p. 37 e ss.

114. Merece destaque o instigante debate sobre o tema, travado entre Rubens Gomes de Sousa, Geraldo Ataliba e Paulo de Barros Carvalho. *Comentários ao Código Tributário Nacional*, pp. 35 e ss.

115. *Teoria geral do direito tributário*, p. 339.

116. Idem, p. 345.

CONTRIBUIÇÕES
REGIME JURÍDICO, DESTINAÇÃO E CONTROLE

será (1) vinculado. Se um fato qualquer, o tributo será (2) não vinculado.[117]

Sua proposta classificatória goza, ainda hoje, de grande prestígio na comunidade jurídica.

Paulo de Barros Carvalho manifesta-se, em estudo em que examina com profundidade e rigor jurídico a norma tributária, no sentido de que "a mais rigorosa classificação dos tributos, em termos jurídico-científicos, é aquela que os divide em vinculados e não vinculados a uma atuação estatal."[118]

As concepções teóricas de Becker, Ataliba e Barros Carvalho foram construídas, originalmente, nas décadas de 60 e 70, anteriormente à vigência Constituição Federal de 1988.

Promulgado o novo Texto Constitucional, a doutrina pátria dividiu-se em dois grupos distintos: (i) os que predicam a prevalência das classificações erigidas à luz da Constituição de 1967, com as alterações decorrentes da Emenda Constitucional n. 1, de 1969; e (ii) os que entendem haver a necessidade da elaboração de nova proposta classificatória, fincada em outros fundamentos ou que agregue outras variáveis juridicamente relevantes. Fazem parte do primeiro grupo Geraldo Ataliba e Roque Carrazza. Compõem o segundo grupo Ives Gandra da Silva Martins, Luciano da Silva Amaro e Hugo de Brito Machado, entre outros.

A destinação do produto da arrecadação e a previsão de restituição do tributo pago são critérios eleitos para sustentar as novas propostas de classificação.

Luciano da Silva Amaro defende a seguinte posição:

> Se classificar é necessário, e se a *destinação integra o regime jurídico específico do tributo* (ou seja, é um dado *juridicizado*), não se pode negar que se trata de um *critério (jurídico)* hábil à

---

117. *Hipótese de incidência tributária*, p. 131.

118. *Teoria da norma tributária*, p. 186.

especificação do tributo, ou seja, idôneo para particularizar uma *espécie tributária*, distinta de outras.[119]

A destinação é vista, contudo, ao lado de outro critério classificatório: vinculação ou não da materialidade inserta no antecedente da norma tributária a uma atuação estatal. Retomamos, assim, a polêmica da conjugação de critérios para a elaboração de classificação.

Não se deve perder de vista a advertência de Luciano da Silva Amaro, para quem "o próprio critério da destinação do tributo (tão vilipendiado por alguns autores e aparentemente excomungado pelo art. 4º, II, do Código Tributário Nacional) está na base de todas as classificações dos tributos, inclusive nos modelos bipartidos, embora se apresente transcodificado no plano normativo (pela referibilidade do tributo a um "dever correspectivo do Estado", ou a um "fato ou coisa estatal", ou a uma "atuação estatal divisível"). Decodificando esses critérios, o que se tem é que o tributo ora se destina a "contraprestacionar" uma utilidade divisível propiciada pelo Estado (utilizando-se, neste caso, como elemento de conexão, a própria atuação estatal divisível), ora se destina a financiar a atuação geral do Estado (tendo-se, nessa hipótese, de buscar um elemento de conexão num fato independente de qualquer atividade estatal)."[120]

Aires Barreto, em parecer inédito, considerou subcritérios a destinação e a previsão de restituição do tributo pago, aplicáveis seja aos tributos vinculados, seja aos não vinculados, propondo a seguinte classificação:

(a) tributos **não vinculados**, que se subdividem em:

(a.1) sem destinação específica (os impostos dos art. 153, 155 e 156, CF);

---

119. *Direito tributário brasileiro*, p. 77.

120. Idem, p. 74.

CONTRIBUIÇÕES
REGIME JURÍDICO, DESTINAÇÃO E CONTROLE

(a.2) com destinação específica e restituíveis (empréstimos compulsórios, cuja materialidade da hipótese de incidência seja de imposto); e

(b) tributos **vinculados**, que se subdividem em:

(b.1) com destinação específica e restituíveis (empréstimo compulsório cuja materialidade seja de taxa);

(b.2) com destinação específica (as contribuições do art. 149 e do art. 195 da Constituição Federal, salvo as de intervenção no domínio econômico);

(b.3) sem destinação específica (as contribuições de intervenção no domínio econômico e as taxas, art. 145, II, da CF).[121]

José Artur Lima Gonçalves predica "a subdivisão em duas espécies básicas – (a) vinculados e (b) não vinculados – que, por sua vez, subdividem-se, ambas, em subespécies – (i) com ou (ii) sem destinação específica constitucionalmente prescrita."[122]

Eurico de Santi[123] e Márcio Severo Marques[124] associam os critérios vinculação (a uma atividade estatal), destinação do produto da arrecadação e previsão de restituição do tributo cobrado para elaborar suas classificações.

Nota-se que, nas manifestações doutrinárias posteriores à promulgação da Constituição Federal de 88, as variáveis (i) "destinação do produto da arrecadação" e (ii) "previsão de restituição do tributo pago' assumem posição de relevo. São consideradas ora como subclasses sucessivas da dicotomia 'tributos vinculados e não vinculados', ora como variáveis a serem consideradas ao lado do critério 'vinculação a uma atividade estatal".

Nesse sentido, duas premissas devem ser firmadas antes de formularmos a nossa proposta de classificação. São elas:

---

121. Parecer inédito, apud José Artur Lima Gonçalves, *Isonomia na Norma Tributária*, p. 60.

122. *Isonomia na Norma Tributária*, p. 59.

123. "As Classificações no Sistema Tributário Brasileiro", in *Justiça Tributária*, p. 125.

124. *Classificação constitucional dos tributos*, p. 225.

53

a) toda classificação deve ser elaborada em consonância com as regras lógicas próprias da teoria das classes;

b) a classificação jurídica está jungida às peculiaridades do direito positivo, do ordenamento jurídico de cada país.

Com base nessas duas premissas, é possível afirmar que as propostas classificatórias que dividem os tributos meramente em (i) vinculados e (ii) não vinculados, conquanto erigidas em absoluta conformidade com a teoria das classes, não têm o condão de explicar e justificar todas as variáveis sistêmicas, decorrentes das particularidades do nosso direito positivo. Se o esforço de classificar os tributos encerrar-se na eleição deste único fundamento, não teremos como diferençar as contribuições dos impostos. Todavia, sabemos que há regras, postas no plano constitucional, que estabelecem ser a destinação do montante arrecadado a título de tributo a órgão, fundo ou despesa fundamento que aparta os impostos das contribuições. Nestas, a destinação é necessária. Naqueles, a destinação é vedada.

De outra parte, as classificações que elegem, concomitantemente, as variáveis (i) vinculação, (ii) destinação e (iii) previsão de restituição, embora reconheçam os aspectos relevantes do direito positivo, que influem na definição das espécies tributárias, incorreriam no problema lógico de utilizar três fundamentos distintos para fundar uma única classificação.

As dificuldades acima apontadas têm que ser superadas. Pensar diversamente implicaria reconhecer que, em face do direito positivo brasileiro, que prescritivamente associa mais de um aspecto para a definição de uma espécie tributária, nenhuma classificação coerente pudesse ser elaborada, quedando-se o intérprete inerte frente a um obstáculo intransponível, fato que traria, como resultado último, a impossibilidade de se explicar adequadamente a dicção constitucional.

Entendemos, nesse contexto, que os caminhos trilhados inicialmente por Aires Barreto e José Artur Lima Gonçalves apontam para a direção correta. Em ambas as propostas, parte-se de classe superior, a partir da qual são identificadas outras

CONTRIBUIÇÕES
REGIME JURÍDICO, DESTINAÇÃO E CONTROLE

classes, em estrita obediência às regras de formação de classes, de um lado, e às peculiaridades do direito positivo, de outro.

Como bem observa Tárek Moysés Moussallem,

> destinado/não destinado e restituível/não restituível não formam classes coordenadas (classe de mesmo nível) com vinculado/não vinculado, mas sim subordinadas. Da mesma forma que restituível/não restituível é subordinada a destinado/não destinado.[125]

A definição da classe superior decorre do reconhecimento de que a previsão constante da hipótese, presente em todos os tributos, afirma a classe (superior) vinculado/não vinculado.[126] Ocorre que tal divisão não nos fornece elementos suficientes para identificar a espécie tributária. Em face de um fato qualquer (não vinculado) não é possível afirmar-se a espécie. Pode ser um imposto, uma contribuição ou mesmo um empréstimo compulsório. A destinação e a previsão de restituição, presentes em algumas espécies e ausentes em outras, é que colaborarão nessa definição.

O caráter contingente dos critérios destinação e previsão de restituição é, assim, o que os qualifica como subordinados ao critério que deflui da hipótese de incidência. Já a prevalência do critério destinação em relação ao da previsão de restituição dá-se unicamente em razão da sua relevância em um maior número de espécies tributárias. A restituição é nota típica apenas nos empréstimos compulsórios.

Registre-se, também, que as variáveis importantes para a classificação dos tributos estão todas postas no plano constitucional. Conformam o conjunto das normas de estrutura que dizem com a definição de tributos e suas espécies. Tal fato permite

---

125. Tributação e Processo / *IV Congresso Nacional de Estudos Tributários*, realizado de 12/14 de dezembro de 2007. Classificação dos Tributos – Uma Visão Analítica. São Paulo: Noeses, 2007, p. 625.

126. Cf. Tárek Moysés Moussallem, "Tributação e Processo/ *IV Congresso Nacional de Estudos Tributários*, realizado de 12/14 de dezembro de 2007", Classificação dos Tributos – Uma Visão Analítica, p. 601.

que o tema da classificação seja abordado da perspectiva das normas constitucionais de estrutura que definem a competência impositiva dos entes tributantes, bem como da perspectiva da norma de conduta de cunho tributário, estruturada no plano legal, com fulcro na competência haurida da Constituição.

Não se deve perder de vista ainda o encadeamento normativo que se apresenta nas hipóteses em que a destinação do produto da arrecadação, bem assim a perspectiva de devolução do tributo não pago são juridicamente relevantes.

Como bem anota Paulo de Barros Carvalho:

> Nada impede e tudo recomenda que examinemos a regra jurídica também nas suas relações extranormativas, quer dizer, as normas com outras normas, em vínculos de coordenação e de subordinação, o que nos levará a identificar, com boa margem de visibilidade, as contribuições, que não a de melhoria, no seu espectro mais amplo.[127]

E remata:

> Quero insistir que acolher a proposta intranormativa não implica rejeitar a concepção extranormativa, no quadro da qual poderei estudar, com riqueza de pormenores, o fenômeno das várias contribuições que o sistema brasileiro vem criando com grande fecundidade nas últimas décadas.[128]

Cuidemos, pois, de examinar essas variáveis e os respectivos planos de análise, para então propor a nossa classificação dos tributos, sem perder de vista, de um lado, a imperiosa necessidade de não se afrontar os postulados que informam a teoria das classes e, de outro, as nuanças do nosso direito positivo. Para cumprir esse mister, examinemos, com mais vagar, as notas típicas que caracterizam os impostos, taxas, contribuições e empréstimos compulsórios.

---

127. Paulo de Barros Carvalho, *Direito tributário, linguagem e método*, 3ª edição, p. 403.

128. *Direito tributário, linguagem e método*, 3ª edição, p. 403.

CONTRIBUIÇÕES
REGIME JURÍDICO, DESTINAÇÃO E CONTROLE

2.7.2 Impostos

Imposto é, na definição de Paulo de Barros Carvalho, o "tributo que tem por hipótese de incidência (confirmada pela base de cálculo) um fato alheio a qualquer atuação do Poder Público."[129] Com efeito, se examinarmos a outorga constitucional de competência para a instituição de impostos, pelos entes políticos, verificaremos a alusão a uma série de fatos alheios a qualquer atuação estatal. O fato de ser proprietário de imóvel urbano, critério material do IPTU, independe de qualquer atuação do poder público relativa ao contribuinte.

Tomando a expressão "regime jurídico tributário", na acepção que lhe conferiu Geraldo Ataliba – "conjunto de princípios, normas e categorias, que informam o funcionamento do instituto jurídico do tributo"[130] – não há como negar que os impostos estão submetidos a regime jurídico próprio, em que as características do gênero tributo estão presentes, associando-se a elas as suas diferenças específicas. Assim, exemplificativamente, há no Texto Constitucional uma série de referências a imunidades que só alcançam os impostos (art. 150, VI); necessidade de atendimento ao princípio da capacidade contributiva (art. 145, § 1º); discriminação em norma geral de direito tributário de seus fatos geradores, bases de cálculo e contribuintes (art. 146, III, "a").

Ademais, o art. 167, IV, da Constituição Federal prescreve ser vedada:

> a vinculação de receitas de impostos a órgão, fundo ou despesa, ressalvadas a repartição do produto da arrecadação dos impostos a que se referem os arts. 158 e 159, a destinação de recursos para as ações e serviços públicos de saúde, para manutenção e desenvolvimento do ensino e para realização de atividades da administração tributária, como determinado, respectivamente, pelos arts. 198, § 2º, 212 e 37, XXII, e a prestação de garantias

---

129. *Curso de direito tributário*, p. 36.

130. "Hermenêutica e Sistema Constitucional Tributário", *in Interpretação no direito tributário*, p. 19.

às operações de crédito por antecipação de receita, previstas no art. 165, § 8º, bem como o disposto no § 4º deste artigo (redação determinada pela Emenda Constitucional 42/2003).

Em outras palavras, tirante as exceções constitucionalmente previstas, as receitas de impostos não podem ser vinculadas a órgão, fundo ou despesa. Devem compor o orçamento geral do ente tributante.

O art. 4º do Código Tributário Nacional (Lei 5.172/66), por outro lado, dispõe ser irrelevante para qualificar a natureza jurídica específica do tributo a sua denominação e a destinação legal do produto de sua arrecadação.

Relativamente à destinação do produto da arrecadação, considerada no plano normativo, estamos convencidos de que, à luz da Constituição Federal de 1988, não é mais possível afirmar-se a sua irrelevância. Há dicção constitucional que aponta para a direção oposta. O citado art. 167, IV, da CF, elimina qualquer possibilidade de se afirmar a irrelevância da destinação legal do produto da arrecadação. Voltaremos ao tema com maior profundidade ao cuidarmos das contribuições.

2.7.3 Taxas

Taxa é espécie do gênero tributo, cujo critério material da regra-matriz de incidência haverá de descrever uma atuação estatal, consistente na prestação de um serviço público específico e divisível ou no exercício do poder de polícia. A competência para sua instituição foi outorgada à União, Estados, Distrito Federal e Municípios. É o que deflui do art. 145, inciso II, da Constituição Federal. Não basta ser serviço público para autorizar a instituição de taxa. É fundamental seja ele específico e divisível. Forçoso ainda que ao ente tributante tenha sido atribuída a competência administrativa, seja para exercer o poder de polícia, seja para prestar serviços públicos.

CONTRIBUIÇÕES
REGIME JURÍDICO, DESTINAÇÃO E CONTROLE

Como destaca Roque Carrazza,

> para que a tributação por via de taxa ocorra validamente, é preciso sejam editadas duas leis: *uma*, de natureza administrativa, regulando o exercício do poder de polícia ou a prestação de serviço público, e *outra*, de índole tributária, qualificando estas atuações estatais e atribuindo-lhes o efeito de, uma vez realizadas, darem nascimento, *in concreto*, à modalidade de tributo ora em estudo.[131]

As taxas não poderão ter base de cálculo própria de impostos, nos termos do que dispõe o § 2º do art. 145 da Constituição Federal. Paulo de Barros Carvalho leciona que uma das funções da base de cálculo é afirmar, confirmar ou infirmar o critério material da regra-matriz de incidência tributária.[132] Logo, em face da nítida oposição entre o fato autorizado a compor o antecedente de norma geral e abstrata instituidora de taxa (atividade estatal), em relação às possíveis materialidades de impostos (quaisquer fatos que não consubstanciem uma atividade estatal), tem-se, como corolário, que as respectivas bases de cálculo reflitam a mesma oposição.[133]

O princípio informador das taxas é o da retributividade. Nas palavras de Geraldo Ataliba, "uma atuação atual e concreta do estado é fundamento e, pois, parâmetro da tributação."[134] A base de cálculo nas taxas haverá de refletir o custo da atuação estatal. A mensuração da atividade estatal permite manter a compatibilidade do binômio 'base de cálculo/hipótese de incidência'. Só assim teremos base de cálculo que confirma a materialidade da regra-matriz de incidência.

Não basta haver serviço público para que se legitime a instituição de taxa. É imprescindível que o serviço de natureza pública seja específico e divisível. Há outorga constitucional de competência para que taxa seja instituída se o serviço público

---

131. *Curso de direito constitucional tributário*, p. 482.

132. *Curso de direito tributário*, p. 332.

133. Cf. Aires Barreto, *Base de cálculo, alíquota e princípios constitucionais*, p. 87.

134. *Hipótese de incidência tributária*, p. 196.

caracterizar-se por sua especificidade, de forma a permitir o fracionamento da prestação e respectiva cobrança. Ausentes esse atributos, não há competência tributária para se instituir taxa remuneratória da prestação de serviço público.

Nesse sentido, são as lições de Regis Fernandes de Oliveira, ao "salientar o caráter da *divisibilidade* da taxa. Caso o serviço prestado seja destinado a toda coletividade, deverá ele ser suportado pelos impostos."[135]

A divisibilidade das taxas é tema que guarda forte correlação com a alíquota dessa espécie tributária. O critério eleito pela lei instituidora de taxa para dividir o custo da atividade estatal (base de cálculo) será a sua alíquota.

Esclarece Aires Barreto que, nas taxas,

> não há a apuração de base de cálculo para cada fato. Em sendo a base de cálculo o valor da atuação do Estado, fato interno à Administração – que nada tem a ver com a atuação do particular, e, portanto, não toma em conta atributos inerentes ao sujeito passivo ou relativos à matéria sobre a qual se refere a taxa – é fato único, de dimensão única.[136]

Visto o fenômeno desta perspectiva, a repartição do custo da atividade estatal (base de cálculo das taxas) dar-se-á com a escolha de um parâmetro adequado para a repartição deste custo, que funcionaria como verdadeira alíquota, nas taxas. A oposição no critério material reflete-se também no critério quantitativo.

Aires Barreto registra que

> a perplexidade da doutrina tem sido motivada pela aceitação de que os valores constantes nas leis, por estarem referidos a unidades de superfícies, volume, perímetro e outros, representariam, conjugados, base de cálculo. Nada mais errôneo. Essa referibilidade é mero critério indicador de alíquota.[137]

---

135. *Receitas não tributárias* (Taxas e Preços Públicos), p. 92.

136. *Base de cálculo, alíquota e princípios constitucionais*, p. 88.

137. *Base de cálculo, alíquota e princípios constitucionais*, p. 88.

CONTRIBUIÇÕES
REGIME JURÍDICO, DESTINAÇÃO E CONTROLE

Os parâmetros ou critérios escolhidos pelo legislador para repartir o custo da atividade estatal caracterizam as alíquotas nas taxas. Dois limites quantitativos exsurgem: (i) necessária compatibilidade entre o efetivo custo da atividade estatal e o montante a ser cobrado a título de taxa; (ii) correlação lógica entre o(s) parâmetro(s) escolhido(s) para repartir o custo da atuação do Estado e a intensidade com que o particular demanda essa atuação. O Estado deve haurir junto aos particulares os recursos necessários ao custeio de sua atividade, na proporção da demanda gerada pelos próprios particulares. A relação não é de identidade ou igualdade, mas de compatibilidade.

2.7.4 Contribuição de melhoria

A Constituição Federal outorgou competência à União, Estados, Distrito Federal e Municípios para instituir contribuição de melhoria, decorrente de obras públicas, de acordo com o seu art. 145, III.

As primeiras referências históricas acerca da cobrança de tributos com a feição da contribuição de melhoria remontam ao século XIII, primeiramente na Inglaterra, por ocasião da construção dos diques de Romey e, num segundo momento, na Itália, em razão de obras públicas realizadas nas praças de Florença.[138] No Brasil, não são frequentes os exemplos de criação, pelos titulares da competência impositiva, desta espécie de tributo.

Curiosamente, a dicção constitucional relativa à contribuição de melhoria tem sido alvo de sucessivas alterações. A Constituição Federal de 1934, em seu art. 124, prescrevia que, uma vez "provada a valorização do imóvel por motivo de obras públicas, a administração que as tiver efetuado poderá cobrar dos beneficiados contribuição de melhoria." A Carta Constitucional de 1937 não fazia referência expressa a essa espécie tributária. Na Constituição Federal de 1946, além da

---

138. Cf. Aires Barreto, Maria do Alívio Gondim e Silva e Henrique Fingerman, *Um modelo de cobrança da contribuição de melhoria.*

PAULO AYRES BARRETO

outorga de competência para a instituição do tributo quando se verificar a valorização imobiliária decorrente de obra pública, são estabelecidos como limites a despesa realizada e o acréscimo de valor que da obra decorrer. A base de cálculo da contribuição deveria observar, concomitantemente, esses dois limites. A Emenda Constitucional n. 18, de 1965, faz expressa menção, no seu art. 19, a um limite total (despesa realizada) e a um limite individual (acréscimo de valor que da obra resultou para cada imóvel beneficiado). Na Constituição Federal de 1967, desaparece a referência ao limite individual. Na Emenda Constitucional n. 1/69, tem-se, novamente, expressa menção aos limites individual e global. A Emenda Constitucional n. 23, de 1983, elimina a referência à necessária valorização do imóvel, bem como ao limite individual. Por fim, no Texto Constitucional ora vigente, não há menção aos limites individual e global, nem à valorização do imóvel.

Se o fim precípuo dessas sucessivas alterações foi o de estimular a criação de contribuição de melhoria, o resultado não foi o almejado. Deveras, o errático panorama legislativo propiciou um crescimento das disputas que se travaram em torno do tema, fomentando a insegurança jurídica seja da perspectiva dos entes tributantes, seja da perspectiva do administrado. Com isso, essa espécie tributária, cuja instituição já pressupõe a observância de uma série de requisitos,[139] continuou a

---

139. O art. 82 do Código Tributário Nacional, veiculando norma geral de direito tributário, estabelece que a lei instituidora de contribuição de melhoria deverá observar vários requisitos. O dispositivo está vazado nos seguintes termos: "Art. 82. A lei relativa à contribuição de melhoria observará os seguintes requisitos mínimos: I – publicação prévia dos seguintes elementos: a) memorial descritivo do projeto; b) orçamento do custo da obra; c) determinação da parcela do custo da obra a ser financiada pela contribuição; d) delimitação da zona beneficiada; e) determinação do fator de absorção do benefício da valorização para toda a zona ou para cada uma das áreas diferenciadas, nela contidas; II – fixação de prazo não inferior a 30 (trinta) dias, para impugnação, pelos interessados, de qualquer dos elementos referidos no inciso anterior; III – regulamentação do processo administrativo de instrução e julgamento da impugnação a que se refere o inciso anterior, sem prejuízo da sua apreciação judicial. § 1º A contribuição relativa a cada imóvel será determinada pelo rateio da parcela do custo da obra a que se refere a alínea c, do inciso I, pelos imóveis situados na zona beneficiada em função dos respectivos fatores individuais de

CONTRIBUIÇÕES
REGIME JURÍDICO, DESTINAÇÃO E CONTROLE

desempenhar papel absolutamente secundário na dinâmica tributária no Brasil.

Os requisitos para instituição válida de contribuição de melhoria são (i) obra pública e (ii) valorização imobiliária. O conectivo lógico é o conjuntor. Não é suficiente que se tenha obra pública. A sua realização é condição necessária, porém não suficiente, para a exigência do tributo contribuição de melhoria. De outra parte, a valorização imobiliária que não decorra de obra pública também não autoriza a exigência de contribuição de melhoria.

Consoante o escólio de Paulo de Barros Carvalho,

> as contribuições de melhoria levam em conta a realização de *obra pública* que, uma vez concretizada, determine a valorização dos imóveis circunvizinhos. A efetivação da obra pública por si só não é suficiente. Impõe-se um fator exógeno que, acrescentado à atuação do Estado, complemente a descrição factual.[140]

Impende salientar que, a nosso ver, a sintética referência constitucional à possibilidade de instituição de contribuição de melhoria em face de obra pública, deixando de referir a valorização do imóvel, representa mero aprimoramento redacional. A necessária valorização do imóvel já se encontra na própria latitude da expressão "contribuição de melhoria."[141] Aires Barreto é incisivo: "supor diversamente implica admitir o absurdo de o Poder Público poder exigir esse tributo mesmo diante de desvalorização do imóvel."[142]

---

valorização. § 2º Por ocasião do respectivo lançamento, cada contribuinte deverá ser notificado do montante da contribuição, da forma e dos prazos de seu pagamento e dos elementos que integraram o respectivo cálculo."

140. *Curso de direito tributário*, pp. 41 e 42.

141. Ver, em sentido contrário, Luís Eduardo Schoueri, para quem, "desde 1983, não se pode considerar pacífica a vigência, no Brasil, da obrigatoriedade da espécie tributária do *benefit assessment*, admitindo-se o *cost assessment*." *Contribuição ao estudo do regime jurídico das normas tributárias indutoras como instrumento de intervenção sobre o domínio econômico*, tese indétita, USP, 2002, p. 229.

142. "Contribuição de Melhoria", in *Comentários ao Código Tributário Nacional*, p. 621.

63

A valorização imobiliária pode ser vista de quatro perspectivas distintas: (i) pressuposto constitucional, associado à realização de obra pública, para a instituição de contribuição de melhoria; (ii) pressuposto fático para cogitação da exigência de tal tributo; (iii) limite quantitativo na determinação da base de cálculo da contribuição; (iv) possível materialidade de imposto.

Sacha Calmon Navarro Coêlho defende que

> o sinalagma na contribuição de melhoria reside em o Estado fazer *obra pública que beneficia o imóvel do particular*, o qual fica obrigado a pagá-la, proporcionalmente, até o limite global do custo da obra, exatamente como no Direito alemão (Beiträge).[143]

De nossa parte, estamos convencidos de que a dicção do Código Tributário Nacional (art. 81) guarda, ainda, perfeita consonância com a Constituição Federal vigente. O custo da obra é representativo do limite máximo a ser ressarcido ao erário. A valorização imobiliária que decorra exclusivamente da obra pública configurará o limite individual. Não se busca, com a instituição de contribuição de melhoria, tributar um fato signo presuntivo de riqueza (valorização imobiliária). Tal fato é alcançável por impostos. Persegue-se, diversamente, a recuperação do custo incorrido pelo Estado daqueles que da obra pública se beneficiaram diretamente, por força de uma valorização imobiliária, caracterizadora de verdadeiro limite individual.

2.7.5 Contribuições

Pelo mero exame do critério material da regra-matriz de incidência tributária, não há como se diferençar as contribuições dos impostos. Se compararmos os critérios que compõem a regra-matriz de incidência tributária do imposto sobre a renda das pessoas jurídicas, com aqueles identificados em face da norma padrão de incidência da contribuição social

---

143. *Curso de direito tributário brasileiro*, p. 648.

CONTRIBUIÇÕES
REGIME JURÍDICO, DESTINAÇÃO E CONTROLE

sobre o lucro, não há como diferençar as espécies tributárias. As estruturas normativas, no plano legal, definidoras da conduta de levar aos cofres públicos um montante em dinheiro, em razão do lucro auferido, são idênticas.

Nesse passo, é importante deixar assentado que não vislumbramos como identificar, a partir da materialidade possível de cada exação, a chamada atuação estatal mediata ou indiretamente referida ao obrigado, que qualificaria as contribuições. Para Geraldo Ataliba, verdadeira contribuição é

> o tributo que, no plano ideal das categorias científicas, tem hipótese de incidência diferente do imposto e da taxa, no sentido de que a materialidade de sua hipótese de incidência consiste numa atuação estatal mediata ou indiretamente referida ao obrigado [...].[144]

No mesmo sentido, Suzy Gomes Hoffman defende que "o critério material terá que conjugar dois fatores: (a) a atividade do Estado e (b) o efeito causado por essa atividade a um determinado círculo de pessoas."[145]

As materialidades das contribuições – auferir lucro, obter receita, pagar folha de salários etc. – não consistem, necessariamente, em atuação estatal mediata ou indiretamente referida ao obrigado. A conjugação dos dois fatores acima descritos ocorre na contribuição de melhoria. Em outros casos, as contribuições apresentam materialidades típicas de impostos. O antecedente da regra-matriz de incidência descreve um fato que, em sua essência, independe de qualquer atuação estatal relativa ao contribuinte. Do mero cotejo critério material/base de cálculo não se pode afirmar se estamos diante de imposto, contribuição ou mesmo empréstimo compulsório.

Por outro giro, se circunscrevermos a definição das espécies tributárias exclusivamente a esse binômio (critério material/base de cálculo), não teremos como justificar uma série

---

144. *Hipótese de incidência tributária*, pp. 196 e 197.

145. *Contribuições no sistema constitucional tributário*, pp. 134 e 135.

de disposições constitucionais que diferenciam as espécies tributárias por força de outras vinculações, atribuindo-lhes regimes jurídicos próprios.

A competência para a instituição de contribuições sociais, de intervenção no domínio econômico e de interesse de categorias profissionais ou econômicas, por parte da União,[146] *ex vi* do disposto no art. 149 da Constituição Federal, está atrelada à dicção "como instrumento de sua atuação nas respectivas áreas".[147] A necessidade geral de arrecadação não autoriza a instituição de contribuição. O pressuposto constitucional para sua exigência é a atuação do Estado (*lato sensu*) em área constitucionalmente demarcada. Trata-se de regra de estrutura, delimitadora da competência impositiva, de um lado, e que enseja, de outro, o necessário controle do destino do produto da arrecadação.

---

146. Os Estados, o Distrito Federal e os Municípios poderão instituir contribuição, cobrada de seus servidores, para custeio do regime previdenciário de seus servidores (art.149, § 1º), e os Municípios e o Distrito Federal poderão instituir contribuição para o custeio de serviço de iluminação pública (art. 149-A). Sobre esta última previsão constitucional, dedicaremos um tópico no próximo capítulo.

147. Os arts. 149 e 149-A da Constituição Federal estão vazados nos seguintes termos: "Art. 149 – Compete exclusivamente à União instituir contribuições sociais, de intervenção no domínio econômico e de interesse das categorias profissionais ou econômicas, como instrumento de sua atuação nas respectivas áreas, observado o disposto nos arts. 146, III, e 150, I e III, e sem prejuízo do previsto no art. 195, § 6º, relativamente às contribuições a que alude o dispositivo. § 1º Os Estados, o Distrito Federal e os Municípios instituirão contribuição, cobrada de seus servidores, para o custeio, em benefício destes, do regime previdenciário de que trata o art. 40, cuja alíquota não será inferior à da contribuição dos servidores titulares de cargos efetivos da União. § 2º As contribuições sociais e de intervenção no domínio econômico de que trata o caput desse artigo: I – não incidirão sobre as receitas decorrentes de exportação; II – incidirão também sobre a importação de produtos estrangeiros ou serviços; III – poderão ter alíquotas: a) ad valorem, tendo por base o faturamento, a receita bruta ou o valor da operação e, no caso de importação, o valor aduaneiro; b) específica, tendo por base a unidade de medida adotada. § 3º A pessoa natural destinatária das operações de importação poderá ser equiparada a pessoa jurídica na forma da lei. § 4º A lei definirá as hipóteses em que as contribuições incidirão uma única vez." "Art. 149-A. Os Municípios e o Distrito Federal poderão instituir contribuição, na forma das respectivas leis, para o custeio do serviço de iluminação pública, observado o disposto no art. 150, I e III. Parágrafo único. É facultada a cobrança da contribuição a que se refere o *caput*, na fatura de consumo de energia elétrica."

CONTRIBUIÇÕES
REGIME JURÍDICO, DESTINAÇÃO E CONTROLE

Estevão Horvath, a esse propósito, leciona:

> Parece claro que o que se quis foi vincular a existência das contribuições àquelas atuações do Estado referidas no art. 149, ou seja, poder-se-á instituir contribuição outra que não a de melhoria *se e somente se* o Estado (representado pela União) atuar nos papéis ali previstos, seja diretamente, seja simplesmente organizando (ainda que tão só legislativamente) aquelas atividades.[148]

As contribuições devem ser vistas como espécie tributária distinta dos impostos e taxas. Não se confundem com os impostos por terem (i) fundamento constitucional distinto, a ser submetido a contraste constitucional (necessidade e adequação da atuação)[149] e (ii) destinação vinculada.

A destinação pode ser vista por diferentes perspectivas, tais como: (i) fundamento constitucional à instituição de determinadas espécies tributárias; (ii) previsão constitucional de destinação a uma dada finalidade; (iii) estipulação legal do destino do valor pago a título de tributo; e (iv) efetiva destinação verificada no plano fático. Logo, é necessário precisar, a cada instante, a acepção utilizada para esse signo, notadamente em razão dos respectivos efeitos jurídicos irradiados. Além disso, temos como cediço que o exame da destinação do produto da arrecadação, em relação a cada uma das perspectivas acima enumeradas, é crucial em face dos diferentes efeitos jurídicos decorrentes.

Dedicaremos às contribuições o próximo capítulo, no qual pretendemos esmiuçá-las em seus contornos. Adiantamos apenas a convicção de que se trata de espécie tributária autônoma, distinta dos impostos e das taxas.

2.7.6 Empréstimos compulsórios

A União poderá instituir empréstimo compulsório para o atendimento de despesas extraordinárias, decorrentes de calamidade

---

148. "Classificação dos Tributos", in *Curso de iniciação em direito tributário*, p. 42.

149. Desses aspectos cuidaremos, com mais vagar, no capítulo seguinte.

pública, de guerra externa ou sua iminência, ou, ainda, no caso de investimento público de caráter urgente e de relevante interesse nacional. Em qualquer hipótese, o veículo introdutor haverá de ser lei complementar. Tratando-se de investimento público urgente e relevante, deverá ser observado o princípio da anterioridade. É o que preceitua o art. 148, inciso II, da Constituição Federal.

Os empréstimos compulsórios sempre provocaram as mais acesas controvérsias. Têm natureza jurídica de tributo? Em caso afirmativo, de que espécie? São tributos finalísticos? Como compatibilizar urgência e observância ao princípio da anterioridade?

Discussões foram travadas em torno da denominação "empréstimo"; de seu caráter restituível; das ambíguas referências às expressões "casos excepcionais" e "casos especiais" presentes no Texto Constitucional anterior, sempre na busca da identificação de sua conformação ou não ao conceito de tributo e, consequentemente, da necessária observância ao regime jurídico tributário. Em verdade, os empréstimos compulsórios se amoldam ao conceito de tributo. São, e sempre foram, tributos. Há muito perderam relevo as correntes que atribuíam caráter contratual ou misto para a exação. Se a relação contratual pressupõe autonomia de vontade, a coatividade imanente aos empréstimos compulsórios a infirma.

Alcides Jorge Costa enfrentou o tema, concluindo que

> os empréstimos compulsórios são tributos e, por isso, são-lhes aplicáveis todas as regras constitucionais pertinentes à instituição e cobrança de tributos. Dizer que o empréstimo compulsório é um tipo misto de empréstimo e imposto pode ser afirmação válida sob o ponto de vista da Ciência das Finanças, mas nada significa sob o aspecto jurídico, que não admite um hibridismo dessa ordem.[150]

Tratando-se de prestação pecuniária compulsória, *ex lege*, que não constitui sanção de ato ilícito, cobrada mediante

---

150. "Natureza Jurídica dos Empréstimos Compulsórios", *Revista de Direito Administrativo* n. 70, pp. 1 a 11.

atividade administrativa vinculada, é tributo e, por essa razão, deve obedecer ao regime jurídico tributário.[151]

Dentre as competências para instituição de tributos atribuídas à União, o empréstimo compulsório é o que requer o atendimento de um maior número de requisitos constitucionais: (i) lei complementar (sempre); (ii) guerra, calamidade pública ou investimento público que seja urgente e relevante; (iii) aplicação dos recursos vinculada a despesa que o originou; e (iv) previsão de restituição do valor cobrado.

Analisando-se exclusivamente as possibilidades de eleição do critério material de um empréstimo compulsório, pode-se ter uma atuação estatal ou um outro fato que não corresponda a uma atividade do Estado. Em outras palavras, um empréstimo compulsório pode revestir materialidade de tributo vinculado ou não vinculado. Entretanto, haverá de ser sempre destinado e restituível.

Com as referências feitas aos impostos, taxas, contribuição de melhoria, contribuições e empréstimos compulsórios, bem como às classificações no Direito, podemos, agora, apresentar nossa proposta de classificação para as espécies tributárias.

2.8 Nossa proposta de classificação

O tema da classificação dos tributos subordina-se – como de resto aconteceria em todo esforço classificatório – aos princípios, conceitos e limites da teoria das classes. Ao pretender-se dividir tributos em diferentes classes, tem-se, necessariamente, que: (i) eleger um único fundamento para divisão, em cada etapa do processo classificatório; (ii) as classes identificadas em cada etapa desse processo devem esgotar a classe

---

151. Roque Carrazza adota o seguinte posicionamento: "O que define uma entidade do mundo do Direito não é a denominação que recebe, mas o regime jurídico a que está submetida. Logo, na medida em que os empréstimos compulsórios devem obedecer ao regime jurídico tributário, segue-se inquestionavelmente que são tributos." *Curso de direito constitucional tributário*, p. 518.

superior; e (iii) as sucessivas operações de divisão devem ser feitas por etapas, de forma gradual.

Com fulcro nesses pressupostos, é possível trabalhar com os fundamentos para divisão "vinculação", "destinação" e "restituição", de forma sucessiva, escolhendo, em cada etapa, um único fundamento. Assim, haveria, nas sucessivas divisões, o atendimento aos requisitos acima descritos.

Por intermédio do fundamento "vinculação", dividiremos os tributos em vinculados e não vinculados, consoante o critério material da regra-matriz de incidência descreva um fato praticado pelo Estado (*lato sensu*), hipótese na qual estaríamos diante de tributo vinculado, ou um fato que independa de qualquer atividade estatal (tributo não vinculado).

Um tributo será destinado se o produto de sua arrecadação estiver atrelado a uma finalidade constitucionalmente determinada,[152] independentemente dessa destinação defluir do critério material da regra-matriz de incidência ou da atribuição de competência para sua instituição. Inexistente o liame, o tributo será não destinado.

Por fim, tomaremos o fundamento para divisão "restituição" no sentido de expressa determinação da devolução do valor pago a título de tributo efetivamente devido. Na ausência de previsão nesse sentido, o tributo será não restituível.

Passo subsequente é definir a sucessividade dos fundamentos a serem utilizados para divisão dos tributos em espécies. A divisão dos tributos em vinculados (a uma atividade estatal relativa ao contribuinte) e não vinculados (fato qualquer que não corresponda a uma atividade estatal) resulta do cotejo da hipótese de incidência com a base de cálculo do tributo. Tem como ponto de partida, como diz Paulo de Barros Carvalho, "o

---

152. Pontes de Miranda entende que há casos em que a destinação é compulsória. São suas palavras: "Essa distinção conceptual entre destinação compulsória e destinação não compulsória ou administrativa é assaz relevante. A taxa tem destinação intrínseca; o imposto pode tê-la compulsória ou não, mas a destinação dele é sempre extrínseca." *Comentários à Constituição de 1967*, vol. 2, p. 368.

exame das unidades normativas".[153] Como em todos os tributos haverá, necessariamente, a descrição de um fato de possível ocorrência, de sua análise exsurgirá um primeiro, e axiologicamente mais relevante, critério classificatório.

Os demais critérios podem estar ou não presentes na compostura do tributo. São critérios, por tal razão, secundários. Há tributos destinados e outros que não apresentam tal característica. O mesmo se dá em relação à possibilidade de sua restituição. A destinação é variável de maior importância em relação à restituibilidade; oferece melhores subsídios para a identificação da espécie tributária.

Partindo desses pressupostos, é possível propor a seguinte estrutura classificatória para os tributos:

Classificação dos Tributos

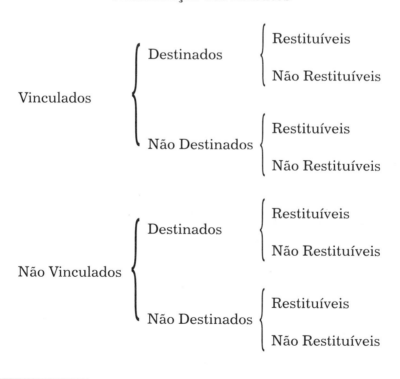

---
153. *Curso de Direito Tributário*, p. 35.

PAULO AYRES BARRETO

A consideração das sucessivas variáveis assume relevo em razão de a variável inicial não oferecer os elementos necessários para se diferençar, por exemplo, os impostos das contribuições. A dicção constitucional é clara, peremptória: impostos não podem ter sua destinação vinculada a órgão, fundo ou despesa. Nas contribuições, essa vinculação é imperiosa. Se tomarmos em consideração apenas a hipótese de incidência tributária, não teremos como apartar os impostos das contribuições. O exame do fato descrito no antecedente da regra-matriz de incidência, confirmado pela base de cálculo fixada em lei, não apontaria a espécie tributária. Não se sustenta, em nosso entendimento, que a contribuição seja um imposto destinado, porque há vedação constitucional expressa (art. 167, IV, da Constituição Federal) refutadora dessa possibilidade.

Por outro lado, a previsão da restituição do tributo pago é necessária para a identificação de empréstimo compulsório. Só com a consideração da terceira variável é que se identifica essa espécie tributária. Sem considerar a possibilidade de restituição, só haveríamos de cogitar da existência de impostos, taxas e contribuições. Por outro giro, o número de espécies tributárias estará indissociavelmente ligado às variáveis que forem consideradas juridicamente relevantes para sua identificação.

De nossa parte, as variáveis acima mencionadas, consideradas sucessivamente, conforme o proposto, permitem-nos identificar as espécies tributárias, em conformidade com o que de relevante se estabeleceu no Texto Constitucional, a esse propósito.

A subordinação do critério "destinação" ao critério "vinculação" levará à distinção das espécies tributárias imposto, taxa e contribuições e, dentre estas últimas, ao reconhecimento da contribuição de melhoria. Para identificarmos os empréstimos compulsórios, faz-se necessário considerar, ainda, o critério "restituição", sempre de forma sucessiva, de modo a permitir que a somatória das classes subordinadas represente a totalidade da classe superior.

CONTRIBUIÇÕES
REGIME JURÍDICO, DESTINAÇÃO E CONTROLE

Destarte, temos as seguintes possibilidades:

1) se o tributo for vinculado, destinado e restituível, teremos um empréstimo compulsório, cuja materialidade pode ser de uma taxa ou de uma contribuição de melhoria;

2) se o tributo for vinculado, destinado e não restituível, estaremos diante de uma taxa ou de uma contribuição de melhoria, a depender do critério material eleito;

3) em face das premissas adotadas, não haveria a possibilidade lógica de um tributo ser vinculado, não destinado e restituível; o tributo vinculado tem o produto de sua arrecadação destinado a uma finalidade constitucionalmente determinada;

4) o mesmo raciocínio desenvolvido para o item anterior aplica-se à hipótese de tributo vinculado, não destinado e não restituível;

5) se o tributo for não vinculado, destinado e restituível estaremos diante de empréstimo compulsório;

6) se o tributo for não vinculado, destinado e não restituível, teremos, necessariamente, uma contribuição que não a de melhoria;

7) não há previsão, em nosso sistema tributário, de tributo não vinculado, não destinado e restituível;

8) se o tributo for não vinculado, não destinado e não restituível, estaremos diante de um imposto.

73

Capítulo III
CONTRIBUIÇÕES E SUAS ESPÉCIES

3.1 Contribuições no Direito Comparado

As divergências doutrinárias sobre uma classificação científica das espécies tributárias estão presentes tanto aqui, como alhures. A precisa demarcação conceitual das contribuições, a sua conformação ao conceito de tributo, a caracterização ou não de espécie tributária autônoma são temas recorrentes em diversos países. Geraldo Ataliba e Cléber Giardino acentuaram, com rigor científico, em que termos se mostra de relevo o estudo do Direito Comparado: "Muita vez, só percebemos os traços típicos e as singularidades do nosso direito positivo, mediante o estudo de outros direitos (do Direito Comparado)."[154]

E prosseguem os mestres:

> Se definir é revelar a essência de uma coisa, é desvendar os traços fundamentais e principais que a caracterizariam, o que define, dá identidade e singularidade a um sistema são efetivamente as suas peculiaridades, os seus traços originais e típicos. Ora, a comparação de sistemas evidencia que eles em geral possuem alguns institutos, princípios e traços iguais, outros diferentes e outros, ainda, originais. A comparação mostrará, portanto, o que

---

154. Estudo inédito sobre o ICM na Constituição, apud José Arthur Lima Gonçalves, *Imposto sobre a Renda* – Pressupostos Constitucionais, p. 21.

é igual, o que é diferente e o que é típico. O Direito Comparado nos fornece, dessarte, critérios para reconhecermos melhor as semelhanças de nosso sistema, em contraste com os demais.[155]

As contribuições têm sido tratadas, pela doutrina estrangeira, ora como uma espécie tributária autônoma, ora como tributo que, conquanto receba, no plano legislativo, denominação própria, é redutível a imposto.

A própria denominação já é motivo de controvérsia. Na Itália, A. Donato Giannini faz menção a um "tributo especial".[156] Gian Antonio Micheli refere-se a uma "contribuição especial".[157] Francesco Tesauro, por sua vez, alude apenas a "contribuição".[158]

A possibilidade de se reconhecer, nas contribuições especiais, feições típicas de impostos foi defendida por Antonio Berliri, na Itália, nos idos de 1952. Adotou o mesmo posicionamento, na Espanha, Fernando Sainz de Bujanda:

> En el ordenamiento jurídico español es posible dividir el sistema tributario en dos partes fundamentales: la de impuestos y la de las tasas. La delimitación de ambos grupos de tributos no ofrece, desde el punto de vista legal, dificultad alguna: la ley formula la definición de tasa y, conseguientemente, todo tributo que no aparezca comprendido en los términos de esa definición será un impuesto.[159]

Para Sainz de Bujanda, as contribuições especiais são impostos.[160]

Em contraposição, temos A. D. Giannini, para quem as contribuições teriam características específicas suficientes

---

155. Estudo inédito sobre o ICM na Constituição, apud José Arthur Lima Gonçalves, *Imposto sobre a Renda – Pressupostos Constitucionais*, p. 21.

156. *Trattato di diritto tributario*. I Concetti Fondamentali del Diritto Tributario, vol. 1, p. 93.

157. *Curso de derecho tributario*, p. 63.

158. *Compendio di diritto tributario*, p. 02.

159. *Hacienda y derecho*, vol. 2, p. 345.

160. *Hacienda y derecho*, vol. 2, p. 345.

CONTRIBUIÇÕES
REGIME JURÍDICO, DESTINAÇÃO E CONTROLE

para apartá-las das demais espécies tributárias. Segundo o eminente professor italiano, o tributo especial pode ser definido como a prestação devida:

> *a) da coloro che trovandosi in uma determinata situazione, risentono um particolare vantaggio econômico, per effetto della esplicazione di um'attività amministrativa, di fronte a tutti gli altri cui l'attività medesima indistintamente profitta; overro*

> *b) da coloro che, in conseguenza delle cose da essi possedute, o dell'esercizio di um'industri, di um commercio o di altra attività medesina, provocano una spesa o una maggiore spesa dell'ente pubblico.*[161]

Para Giannini, exemplo da primeira espécie (contribuição em razão de particular vantagem econômica) seria a contribuição de melhoria, e exemplo da segunda (contribuição em virtude de despesa pública ou de seu aumento) seria a contribuição de utilização de estrada.

Segundo Gian Antonio Michelli, as contribuições

> son debidas por el individuo por la vantaja (cualificada como tal por el legislador, en relación a la posible valoración económica) por aquél recibida, consecuencia de una específica actividade administrativa del ente efectuada en interés prioritario de la colectividad.[162]

Percebe-se, como aspecto comum nas lições de Michelli e Giannini, a alusão à vantagem econômica.

Em estudo monográfico dedicado à contribuição no sistema tributário italiano, Giovanni Ingrosso conclui ser a contribuição figura autônoma na classificação das espécies tributárias, definindo-a como

> *un tributo compreso, alla stregua del vigente diritto positivo, nell'ordinamento tributario, e che consiste nella prestazione*

---

161. *Trattato di diritto tributario*. I Concetti Fondamentali del Diritto Tributario, vol. 1, p. 93.

162. *Curso de Derecho Tributario*, p. 63.

pecuniaria obligatoria a favore dello Stato o di altro entre pubblico minore, munito di potestà impositrice; prestazione imposta in relazinone al beneficio individuale esclusivo e diviso che un dato soggetto abbia a trarre occasionalmente da una singola e delimitata attività amministrativa e di spendita, esplicata la prima e impiegata la seconda per soddisfare un interesse generale.[163]

Por seu turno, Giuliani Fonrouge fala em benefícios individuais ou de grupos sociais. Define contribuição especial como *"la prestación obligatória debida en razón de beneficios individuales o de grupos sociales, derivados de la realización de obras públicas o de especiales actividades del Estado."*[164]

Héctor B. Villegas, na Argentina, acolhe a posição de Fonrouge e anota que, nas contribuições, a atividade estatal satisfaz interesses gerais que, simultaneamente, proporcionam vantagens a um grupo determinado de pessoas.[165]

Ramon Valdés Costa, no Uruguai, adota posição similar a de Fonrouge e afirma que tal posição, com o aval de Rubens Gomes de Sousa, foi incorporada ao Modelo de Código Tributário para a América Latina.[166] O art. 12 do aludido modelo de codificação estabelece que contribuição especial é

el tributo cuya obligación tiene como hecho generador beneficios especiales derivados de la realización de obras públicas, prestaciones sociales y demás actividades estatales y cuyo producto no debe tener un destino ajeno a la financiación de las obras o las actividades que constituyen el presupuesto de la obligación.[167]

J. L. Perez de Ayala e Eusébio Gonzalez defendem – em manifestação conjunta que representou uma mudança do posicionamento teórico de Perez de Ayala, que, a princípio, seguia

---

163. *I contributi nel sistema tributario italiano*, p. 349.

164. *Derecho financiero*, vol. 2, p. 814.

165. *Curso de finanzas, derecho financiero y tributario*, p. 83.

166. Modelo disponível em: https://bit.ly/2nasA7n Acesso em: 30 set. 2019.

167. *Curso de derecho tributario*, pp. 355 e 356.

CONTRIBUIÇÕES
REGIME JURÍDICO, DESTINAÇÃO E CONTROLE

a mesma posição de Bujanda – a existência de duas diferenças fundamentais que justificam não serem as contribuições especiais espécie tributária redutível a imposto: (i) atividade administrativa específica; e (ii) que do desenvolvimento desta atividade decorra uma vantagem ou benefício particular ao obrigado.[168] Firmam este posicionamento a partir de análise do direito positivo espanhol, fazendo menção ao disposto no art. 26, 1, "b" da Ley General Tributaria vigente à época.[169]

A atual Ley General Tributaria espanhola (Ley 58/2003) mantém o mesmo espírito ao prescrever, no seu art. 2, 'b', que as contribuições são tributos cujo fato imponível consiste na obtenção, pelo obrigado tributário, de um benefício ou de um aumento de valor de seus bens, como consequência da realização de obras públicas, do estabelecimento ou ampliação de serviços públicos.

Comentando o dispositivo legal, Ferreiro Lapatza predica que

> en ciertos casos, la Administración pública realiza una actividad dirigida directa e inmediatamente a satisfacer una necesidad pública, colectiva, de la comunidad considerada como un todo, pero por un efecto reflejo, indirectamente, sin que sea un objetivo buscado, la actuación favorece más, en forma que puede ser, al menos aproximadamente, medido y valorado el beneficio, a determinados sujetos. A estos sujetos puede exigírseles una contribución especial.[170]

Por outro lado, em Portugal, o Decreto-Lei n. 398/98 estabelece, em seu art. 3º, item 2, que os "tributos compreendem os impostos, incluindo os aduaneiros e especiais, e outras espécies tributárias criadas por lei, designadamente as taxas e demais contribuições financeiras a favor de entidades públicas." Especificamente em relação a estas últimas, o art. 4º, item 3, preceitua que "As contribuições especiais que

---

168. *Curso de derecho tributario*, p. 210.

169. Idem, p. 210.

170. *Curso de derecho financiero español* – Derecho Financiero (Ingresos. Gastos. Presupuesto), vol. 1, p. 205.

79

assentam na obtenção pelo sujeito passivo de benefícios ou aumentos de valor dos seus bens em resultado de obras públicas ou da criação ou ampliação de serviços públicos ou no especial desgaste de bens públicos ocasionados pelo exercício de uma actividade são consideradas impostos".

A aproximação entre impostos e contribuições feita pelo direito positivo português explica, em nosso entendimento, manifestações doutrinárias, como a de Soares Martínez, no sentido de que as "contribuições não se afastam, nem do ponto de vista econômico-financeiro nem do ponto de vista jurídico, das características dos 'impostos' pelo que as duas expressões devem ser tidas sinônimas",[171] ou de Diogo Leite de Campos e Mônica Horta Leite de Campos, ao dizerem que "não se vê razão para excluir as contribuições especiais do âmbito dos impostos."[172]

Tanto o Modelo de Código Tributário para a América Latina (MCTAL), elaborado, em 1967, por Ramón Valdés Costa, Rubens Gomes de Souza e Giuliani Fonrouge, como o modelo apresentado pelo Centro Americano de Administradores Tributários (Modelo CIAT), em 1997, contemplam classificação tripartida dos tributos (impostos, taxas e contribuições especiais). As definições das espécies tributárias são muito próximas nos dois modelos, que foram redigidos sob forte influência de doutrinadores dedicados ao estudo do Direito Tributário. Em ambos os modelos, as contribuições são definidas como tributos cuja obrigação tem como fato gerador benefícios especiais decorrentes de obras públicas, prestações sociais e demais atividades estatais e cujo produto da arrecadação deve financiar a obra pública ou a atividade que constitui o pressuposto da obrigação.[173]

---

171. *Direito fiscal*, p. 26.

172. *Direito tributário*, p. 62.

173. Os artigos que se referem às espécies tributárias nos dois modelos são: Modelo OEA/BID: "Artículo 14º – Los tributos son: impuestos, tasas y contribuciones especiales. Artículo 15º.- Impuesto es el tributo cuya obligación tiene como hecho generador una situación independiente de toda actividad estatal relativa al contribuyente. Artículo 16º.- Tasa es el tributo cuya obligación tiene como hecho generador la

CONTRIBUIÇÕES
REGIME JURÍDICO, DESTINAÇÃO E CONTROLE

Alguns aspectos merecem destaque, nessa breve incursão pelo Direito Comparado:

a) não há uma solução categorial sobre o tema. Conceito de tributo, identificação e classificação das espécies tributárias e seus respectivos regimes jurídicos são construções que se submetem às nuanças do direito positivo de cada país;

b) a noção de contribuição mais presente na doutrina estrangeira tem como traços característicos: (i) natureza tributária; (ii) uma atividade estatal (não necessariamente qualificada como o fato que compõe o antecedente de norma geral e abstrata tributária); (iii) vantagens ou benefícios decorrentes desta atividade

---

prestación efectiva o potencial de un servicio público individualizado en el contribuyente. Su producto no debe tener un destino ajeno al servicio que constituye el presupuesto de la obligación. No es tasa la contraprestación recibida del usuario en pago de servicios no inherentes al Estado. Artículo 17º.- Contribución especial es el tributo cuya obligación tiene como hecho generador beneficios derivados de la realización de obras públicas o de actividades estatales y cuyo producto no debe tener un destino ajeno a la financiación de las obras o las actividades que constituyen el presupuesto de la obligación. La contribución de mejora es la institución para costear la obra pública que produce una valorización inmobiliaria y tiene como límite total el gasto realizado y como límite individual el incremento de valor del inmueble beneficiado. La contribución de seguridad social es la prestación a cargo de patronos y trabajadores integrantes de los grupos beneficiados, destinada a la financiación del servicio de previsión." Modelo CIAT: " Artículo 9 – Concepto y clasificación de los tributos. Tributos son las prestaciones en dinero que el Estado exige, en razón de una determinada manifestación de capacidad económica, mediante el ejercicio de su poder de imperio, con el objeto de obtener recursos para financiar el gasto público o para el cumplimiento de otros fines de interés general. Los tributos se clasifican en: a) Impuestos. b) Tasas. c) Contribuciones especiales. Artículo 10 – Impuesto. Impuesto es el tributo cuya obligación tiene como hecho generador una situación independiente de toda actividad estatal relativa al contribuyente. La definición de impuesto adoptada es coincidente con la del Modelo de Código Tributário OEA/BID y con gran parte de los códigos tributarios de América Latina. Artículo 11 – Tasa. Tasa es el tributo cuya obligación tiene como hecho generador la prestación efectiva o potencial de un servicio en régimen de derecho público, individualizado en el contribuyente. Artículo 12 – Contribución especial. Contribución especial es el tributo cuya obligación tiene como hecho generador beneficios especiales derivados de la realización de obras públicas, prestaciones sociales y demás actividades estatales y cuyo producto no debe tener un destino ajeno a la financiación de las obras o las actividades que constituyen el presupuesto de la obligación.

estatal para o contribuinte; e (iv) vinculação do produto da arrecadação à atividade a ser financiada.

Vale dizer, a referência à espécie tributária "contribuição", no Direito Comparado, autoriza o intérprete a depreender que há uma atividade estatal, que se traduz em vantagens ou benefícios ao contribuinte, a permitir a instituição de tributo cuja arrecadação cumprirá o propósito de financiar a referida atividade estatal.

Feitas essas observações, cuidemos de examinar as contribuições, à luz do direito positivo brasileiro, iniciando pela referência às significações que são a elas usualmente atribuídas.

3.2 Contribuições: suas acepções

Em várias passagens da Constituição Federal, do Código Tributário Nacional, de textos legais e infralegais, o vocábulo "contribuição" vem referido. De relevo, pois, perquirir quais acepções experimenta o referido signo ou, por outro lado, quais são seus possíveis conteúdos semânticos. Não olvidemos as lições de Paulo de Barros Carvalho: "o direito oferece o dado da linguagem como seu integrante constitutivo."[174] E prossegue: "*interpretar* é atribuir valores aos símbolos, isto é, adjudicar-lhes significações e, por meio dessas, referências a objetos."[175] Conhecer o direito pressupõe o amplo domínio desse corpo de linguagem.

Contribuição é vocábulo que nos dicionários vem referido como "ato ou efeito de contribuir; parte que cabe a cada um numa despesa ou encargo comum; pagamento feito a alguém ou a alguma entidade ou ainda ao Estado (...)."[176] Percebe-se, pois, que, mesmo em seu uso comum, não técnico, o signo "contribuição" já denota participação em despesa ou encargo comum.

---

174. *Direito tributário* – Fundamentos Jurídicos da Incidência, p. 59.

175. Idem, p. 59 e 60.

176. Antônio Houaiss, Mauro de Salles Villar e Francisco Manoel de Mello Franco, *Dicionário Houaiss da língua portuguesa*, p. 825.

CONTRIBUIÇÕES
REGIME JURÍDICO, DESTINAÇÃO E CONTROLE

De Plácido e Silva apresenta a seguinte significação para o vocábulo "contribuição":

> Derivado do latim *contributio*, de *contribuere* (dar para o monte, fornecer sua parte), na terminologia jurídica, não possui sentido diverso daquele que lhe vem do latim: entende-se a parte que se atribui a uma pessoa ou a participação que deve ter para formação de qualquer acervo ou cumprimento de qualquer obrigação.
>
> A contribuição, em sentido comum, pode ser voluntária. A pessoa contribui com sua parte, porque espontaneamente quer.
>
> Mas, na esfera jurídica, em regra, a contribuição, resultante de obrigação ou de imposição legal, é obrigatória, seja tomada no sentido fiscal, ou seja, tida no conceito do Direito Civil ou Comercial.
>
> No conceito fiscal, a contribuição é o imposto: é a parte a que está sujeito o cidadão, para que contribua para a formação de fundos necessários ao custeio das despesas públicas.[177]

Desde uma perspectiva etimológica, passando pelo uso comum, até a sua acepção técnica, para os fins que nos interessam (tributários), o signo "contribuição" sugere 'fornecer sua parte para um todo (monte, fundo, despesas públicas)'.

Ao se empreender análise do uso desse signo, no direito positivo brasileiro e em manifestações doutrinárias e jurisprudenciais, no contexto tributário, encontramos as seguintes acepções:

a) "contribuição" como espécie do gênero tributo;

b) "contribuição" como imposto de escopo;

c) "contribuição" como tributo vinculado a uma atuação estatal, descrita no antecedente da regra-matriz de incidência;

d) "contribuição" como tributo vinculado a uma atividade estatal, que é causa de sua instituição, mas não vem referida no antecedente da regra-matriz de incidência tributária;

---

177. *Vocabulário jurídico*, vol. 1, p. 435.

e) "contribuição" como tributo cujo critério material é o resultado de uma atuação estatal mais uma circunstância intermediária;

f) "contribuição" como tributo cujo critério material é uma situação independente de qualquer atividade estatal específica ao contribuinte, cujo produto da arrecadação é destinado a uma atividade estatal;

g) 'contribuição' como tributo cujo pagamento é contrapartida de uma vantagem ou benefício ao contribuinte, decorrente de uma atividade estatal;

h) "contribuição" como tributo que tem como causa para a sua instituição uma atividade estatal, da qual decorra uma vantagem ou benefício ao contribuinte;

i) "contribuição" como tributo que tem como causa para a sua instituição uma atividade estatal, independentemente de tal atividade estatal vir a gerar vantagem ou benefício ao contribuinte;

j) "contribuição" como tributo devido em face da realização de obra pública de que decorra valorização imobiliária;

k) "contribuição" como tributo devido por força de valorização imobiliária, gerada por obra pública;

l) "contribuição" como vocábulo equivalente a tributo;

m) "contribuição" como quantia em dinheiro proveniente do pagamento de tributo;

n) "contribuição" como quantia em dinheiro destinada a uma finalidade específica, que deu causa a instituição do tributo;

o) "contribuição" como espécie de tributo de validação finalística;

CONTRIBUIÇÕES
REGIME JURÍDICO, DESTINAÇÃO E CONTROLE

p) "contribuição" como tributo causal;

q) "contribuição" como figura "sui generis";

r) "contribuição" como exigência não tributária.

No percurso para o necessário questionamento de algumas das acepções adrede mencionadas e da apresentação de nosso posicionamento teórico, mister examinarmos o tratamento dado às contribuições no plano legislativo.

3.3 Contribuições no Direito positivo brasileiro

Surge no Brasil, na Constituição Federal de 1934, em seu art. 124, a primeira referência à contribuição de melhoria. Até então, o direito positivo brasileiro aludia apenas aos impostos e taxas.

Na Constituição Federal de 1946, além da reiteração da outorga de competência aos entes tributantes para instituição de impostos, taxas e contribuição de melhoria, insere-se, no capítulo dedicado à ordem econômica e social, previsão para a instituição de contribuição a ser exigida de empregadores e empregados, em favor da maternidade e contra as consequências da doença, da velhice e da morte (art. 157, XVI).

Em dezembro de 1965, promulga-se a Emenda Constitucional n. 18. Além dos impostos, taxas, contribuição de melhoria e contribuições, há previsão expressa para a União, em casos excepcionais definidos em lei complementar, instituir os empréstimos compulsórios. Impende notar que, pouco tempo após a entrada em vigor da Emenda Constitucional, em 25 de outubro de 1966, vem à lume o Código Tributário Nacional (Lei n. 5.172/66). Em sua redação original, só havia menção à contribuição de melhoria. Em outras palavras, a codificação tributária nada prescrevia em relação a outras contribuições. Em 14 de novembro do mesmo ano, antes mesmo da data prevista para que pudessem surdir os efeitos da novel legislação – fato que ocorreria no dia 1º de janeiro de 1967 – foi editado o Decreto n. 27/66, para acrescer o art. 217 à Lei n. 5172/66, de forma a inserir, no bojo da codificação tributária, de forma expressa, a contribuição sindical, a contribuição previdenciária, a contribuição destinada ao 'Fundo de Assistência e Previdência do Trabalhador Rural', a contribuição ao 'Fundo de Garantia por Tempo de Serviço', e outras contribuições de fins sociais criadas por lei.

Na Emenda Constitucional n. 1, de 1969, impostos, taxas, contribuição de melhoria, outras contribuições e os empréstimos compulsórios são aglutinados, no capítulo dedicado ao sistema tributário nacional.

Nada obstante, com o advento da Emenda Constitucional n. 8, de 1977, pretendeu-se atribuir às contribuições caráter não tributário. A aludida Emenda incluiu no rol do art. 43 da Constituição então vigente – que referia a competência do Congresso Nacional para dispor sobre tributos, no inciso I – o inciso X, que versava especificamente sobre contribuições sociais. Em face dessa alteração, propugnava-se, à época, que tais contribuições não mais detinham feição tributária. Examinando o tema, Aires Barreto conclui que exigir contribuições "com fulcro em lei, coativamente, será dar-lhes natureza tributária; sob natureza jurídica diversa da de tributo, haverão de ser sempre facultativas."[178]

Na Constituição Federal de 1988, as contribuições estão previstas no capítulo dedicado ao sistema tributário nacional. No curso dessa evolução legislativa, foram travadas várias disputas em torno do tema "contribuições", seja no plano doutrinário, seja perante os tribunais. Dentre as indagações surgidas, podemos relacionar as seguintes:

a) As contribuições têm natureza tributária?

b) Em caso afirmativo, trata-se de espécie autônoma ou será sempre redutível a um imposto ou taxa?

---

178. "As Contribuições no Sistema Constitucional – Tributário", in *Caderno de Pesquisas Tributárias*. Contribuições Especiais Fundo PIS/PASEP, vol. 2, p. 32.

CONTRIBUIÇÕES
REGIME JURÍDICO, DESTINAÇÃO E CONTROLE

c) A que regime jurídico as contribuições estão submetidas?

d) Quais os limites constitucionais a serem observados pelo legislador infraconstitucional na instituição de contribuições?

e) Quais são as espécies de contribuição, à luz do direito positivo brasileiro?

f) Qual o relevo tributário da destinação do produto da arrecadação?

g) Deve haver uma compatibilidade entre o custo da atividade estatal e o montante da arrecadação?

h) Há um vínculo necessário entre custo da atividade, de um lado, base de cálculo e alíquota da contribuição, de outro?

i) Qual é o efeito da desvinculação do produto da arrecadação nos diversos planos normativos?

j) Qual a consequência do desvio do produto da arrecadação no plano factual?

Examinaremos, neste e nos próximos capítulos, essas e outras questões relevantes sobre as contribuições, no Brasil. Enfrentaremos, inicialmente, a questão relativa à natureza tributária das contribuições.

3.4 Contribuições: natureza tributária

Embates em torno da natureza tributária das contribuições estiveram sempre presentes seja em estudos doutrinários, seja nas discussões travadas perante nossos tribunais. Conquanto expressiva parcela de estudiosos do Direito Tributário reconheça, de forma peremptória, serem as contribuições "tributo", essa posição não é unânime. Algumas razões têm sido apontadas para justificar esse fato, dentre as quais as mais frequentes são: (i) a menção à outorga de competência para instituição de contribuições vem referida, nas sucessivas Cartas Constitucionais, em outros dispositivos que não aqueles que, pretensamente, relacionariam todas as espécies tributárias (impostos, taxas e contribuição de melhoria); e (ii) a previsão de regime jurídico não integralmente coincidente com o aplicável aos tributos.

Marco Aurélio Greco sustenta que as contribuições têm perfil "sui generis" na Constituição de 1988, uma vez que o seu art. 145 teria informado o gênero (tributo) e as espécies (impostos, taxas e contribuição de melhoria).[179] De outra parte, afirma que, "se o art. 149 determina seja aplicada a disciplina típica do Direito Tributário, se manda aplicar as normas gerais de Direito Tributário, se impõe as limitações da legalidade, anterioridade e irretroatividade para as contribuições, é porque elas *não estão* dentro do âmbito tributário."[180] No mesmo sentido, Valdir de Oliveira Rocha preconiza que, "fossem as contribuições sociais tributos e por aqueles dispositivos (146, III e 150, I e III) já estariam necessariamente abrangidas, mas, pelo contrário, não as fez tributos o constituinte."[181]

Em sentido contrário, Paulo de Barros Carvalho afirma que "outra coisa não fez o legislador constituinte senão prescrever manifestamente que as *contribuições sociais* são entidades tributárias, subordinadas em tudo e por tudo às linhas definitórias do regime constitucional peculiar aos tributos."[182] Atribuem também, dentre outros, caráter tributário às contribuições Geraldo Ataliba,[183] Roque Carrazza,[184], Sacha Calmon

---

179. *Contribuições* (Uma Figura "Sui Generis"), pp. 79 e 80.

180. Idem, p. 80.

181. "Contribuições Sociais", in *Caderno de Pesquisas Tributárias*. Contribuições Sociais, vol. 17, p. 302.

182. *Curso de direito tributário*, p. 43.

183. *Hipótese de incidência tributária*, p. 191.

184. *Curso de direito constitucional tributário*, p. 527.

CONTRIBUIÇÕES
REGIME JURÍDICO, DESTINAÇÃO E CONTROLE

Navarro Coêlho[185], José Eduardo Soares de Melo[186] e Eduardo Domingos Bottallo.[187]

A minudente descrição do sistema tributário nacional, já no plano constitucional, levada a efeito pelo legislador constituinte de 1988 – mantendo a mesma orientação de diplomas constitucionais anteriores – dá ensejo, como desdobramento lógico, a um inevitável esforço de construção de sentido para os signos constitucionais em matéria tributária, sob pena de comprometimento do próprio sistema. Com efeito, qual teria sido o sentido jurídico de todo esse esforço do constituinte originário, se noções fundantes do sistema viessem a ser definidas pelo legislador infraconstitucional? Esse sistema se aglutina em torno do conceito de tributo. Trata-se de conceito nuclear, ao redor do qual surgem os temas da classificação dos tributos, das imunidades, da rígida discriminação de competência impositiva, do controle do destino da arrecadação etc.. Destarte, é fundamental firmar, delimitar um conceito de tributo, em exegese eminentemente constitucional.

Geraldo Ataliba defende, enfaticamente, que o "conceito jurídico de tributo é constitucional. Ou seja, é fixado – ainda que só implicitamente – pelo próprio Texto Constitucional."[188] E, posteriormente, remata: "Não se pode desconhecer que toda exigência coativa de cunho patrimonial que o estado faça aos sujeitos à sua ordem jurídica se submete à disciplina constitucional. Se tal exigência traduzir-se em dinheiro, então o regime que se lhe aplica é o tributário."[189]

Entendemos que esse é o ponto fulcral dos debates travados em relação à possível natureza tributária das contribuições. Antes, e acima de tudo, é preciso verificar se as

---

185. *Curso de direito tributário brasileiro*, p. 486.

186. *Contribuições Sociais no Sistema Tributário*, p. 77.

187. "Contribuições de Intervenção no Domínio Econômico", in *Grandes Questões Atuais do Direito Tributário*, vol. 7, p. 76.

188. *Hipótese de incidência tributária*, p. 191.

189. *Hipótese de incidência tributária*, p. 192.

PAULO AYRES BARRETO

contribuições caracterizam-se como exigências coativas, de cunho patrimonial, feitas pelo Estado, a serem satisfeitas em dinheiro, e que não tenham caráter de indenização, sanção por ato ilícito ou obrigação contratual.

As contribuições têm natureza tributária por se amoldarem ao conceito de tributo. Não é a sua submissão ao regime tributário que lhe confere tal natureza.[190] Ao revés, é a sua natureza que define o regime jurídico ao qual deva estar submetida. Adverte Eurico de Santi que

> a qualidade de ser tributo não é efeito do regime jurídico aplicável. É tributo porque a norma jurídica impositiva instituidora da prestação apresenta critérios que a subsumem na extensão da classe dos "tributos" e, coisa que, consequentemente, implica o regime jurídico peculiar dessa classe de relações jurídicas tributárias.[191]

A refutação à natureza tributária das contribuições, com base na dicção do art. 145 da Constituição Federal, que só faria menção aos impostos, taxas e contribuição de melhoria, não convence. Por certo, a enumeração do aludido dispositivo constitucional reflete exclusivamente os tributos cuja competência impositiva está afeta, de forma indistinta, a todos os entes tributantes (União, Estados, Distrito Federal e Municípios). Esse entendimento foi acolhido pelo Supremo Tribunal Federal,[192] em voto da lavra do Ministro Moreira Alves, ao mencionar que

---

190. Eurico de Santi, com base nas lições de Paulo de Barros Carvalho, esclarece: "Dizer que o regime jurídico define a natureza específica do tributo significa incorrer na denominada falácia da inversão do efeito pela causa. Como ensina PAULO DE BARROS CARVALHO: a água é uma substância composta por dois átomos de hidrogênio e um de oxigênio, que ferve a 100 graus centígrados, no nível do mar. Não é por ferver a 100 graus centígrados que a substância assume o caráter de água: outros líquidos distintos apresentam o mesmo efeito, no pressuposto de idênticas condições. É o critério de sua composição que informa o uso da palavra "água", que designa a substância água, e não o efeito de ferver a 100 graus centígrados. Se fosse assim, todo líquido ou sólido que fervesse nessa temperatura seria água." "As Classificações no Sistema Tributário Brasileiro", in *Justiça Tributária*, p. 145.

191. "As Classificações no Sistema Tributário Brasileiro", in *Justiça Tributária*, p. 145.

192. Recurso Extraordinário n. 146.733/SP, Tribunal Pleno, Rel. Min. Moreira Alves, publicado no *DJ* de 06.11.1992.

CONTRIBUIÇÕES
REGIME JURÍDICO, DESTINAÇÃO E CONTROLE

> os artigos 148 e 149 aludem a duas outras modalidades tributárias, para cuja instituição só a União é competente: o empréstimo compulsório e as contribuições sociais, inclusive as de intervenção no domínio econômico e de interesse das categorias profissionais ou econômicas.[193]

Além disso, as contribuições, assim como os empréstimos compulsórios, compõem o capítulo dedicado ao sistema tributário nacional. Se esse argumento não pode ser tido por definitivo, em razão do caráter relativo que a localização de um enunciado prescritivo assume na construção de sentido da norma, é inegável que sua importância cresce quando todos os demais vetores apontam no mesmo sentido.

Não merece melhor sorte a asserção de que as contribuições estão submetidas a apenas alguns comandos do capítulo dedicado ao sistema tributário, fato que confirmaria o seu caráter não tributário. Há enunciados prescritivos nesse capítulo que se aplicam a todas as espécies tributárias, e há uma série de outras disposições constitucionais que se voltam para certa(s) espécie(s). Não é porque, em relação às taxas, não haja submissão ao princípio da capacidade contributiva, que não se apliquem diversas regras imunizantes, que não se considere a possibilidade de sujeição à parte final do disposto no art. 146, III, "a" da Constituição Federal, que, assim, teriam elas deixado de ter caráter tributário.

O Supremo Tribunal Federal enfrentou objetivamente a questão e firmou o entendimento de que, perante a Constituição Federal de 1988, as contribuições têm natureza tributária. O Ministro Moreira Alves assim se manifestou sobre o tema:

> De feito, a par das três modalidades de tributos (os impostos, as taxas e as contribuições de melhoria) a que se refere o artigo 145

---

193. Ressalte-se que, ao tempo em que proferido esse voto, não estavam em vigor as Emendas Constitucionais 39/2002, que atribuiu competência aos Municípios e ao Distrito Federal para a instituição da contribuição para o custeio do serviço de iluminação pública, e 41/2003, que outorgou competência aos Estados, o Distrito Federal e os Municípios para a instituição de contribuição previdenciária, razão pela qual predicamos a prevalência do argumento.

> para declarar que são competentes para instituí-los a União, os Estados, o Distrito Federal e os Municípios, os artigos 148 e 149 aludem a duas outras modalidades tributárias, para cuja instituição só a União é competente: o empréstimo compulsório e as contribuições sociais, inclusive as de intervenção no domínio econômico e de interesse de categorias profissionais ou econômicas.[194]

Por fim, nas alterações constitucionais levadas a efeito pelo poder reformador, verifica-se a confirmação do entendimento de que as contribuições têm inequívoca natureza tributária. Deveras, as prescrições insertas na Carta Magna (art. 150, §§ 6º e 7º), por intermédio da Emenda Constitucional 3/93, atestam serem as contribuições espécies do gênero tributo.

Em síntese, por qualquer prisma que se examine as contribuições, à luz da Constituição Federal de 1988, é força convir terem elas feição nitidamente tributária.

3.5 A parafiscalidade nas contribuições

"Contribuições parafiscais" é a designação que alguns doutrinadores atribuem à espécie tributária de que ora cuidamos.[195] A parafiscalidade é fenômeno que precisa ser examinado com algum cuidado. Paulo de Barros Carvalho define a parafiscalidade como o

> fenômeno jurídico que consiste na circunstância de a lei tributária nomear sujeito ativo diverso da pessoa que a expediu, atribuindo-lhe a disponibilidade dos recursos auferidos, para o implemento de seus objetivos peculiares.[196]

Roque Carrazza esclarece que, como

> a *capacidade tributária ativa* é delegável por lei, nada obsta a que uma pessoa diversa daquela que criou a exação venha, afinal, a

---

194. Recurso Extraordinário n. 146.733/SP, Tribunal Pleno, Rel. Min. Moreira Alves, publicado no *DJ* de 06.11.1992.

195. Cf. Aliomar Baleeiro, *Direito tributário brasileiro*, p. 640.

196. *Curso de direito tributário*, p. 237.

CONTRIBUIÇÕES
REGIME JURÍDICO, DESTINAÇÃO E CONTROLE

arrecadá-la. Para tanto, basta, fundamentalmente, que a pessoa beneficiada persiga finalidades públicas ou, pelo menos, de interesse público, isto por exigência do *princípio da destinação pública do dinheiro arrecadado mediante o exercício da tributação*.[197]

Uma série de preconceitos permeia o tema da parafiscalidade tributária. Dentre eles, destacamos:

a) as exações parafiscais não têm natureza tributária e, por conseguinte, não se sujeitam ao regime jurídico próprio dos tributos;

b) a parafiscalidade constitui critério relevante para distinguir as contribuições das demais espécies tributárias;

c) o tema da parafiscalidade é afeto ao Direito Financeiro, sendo de reduzido interesse teórico para os estudiosos do Direito Tributário, porquanto é irrelevante para a qualificação jurídica da espécie tributária a destinação do produto da arrecadação.

De nossa parte, entendemos que a parafiscalidade não retira ou altera o caráter tributário da exigência. Além disso, não se revela como dado diferenciador das espécies tributárias. Não é, ainda, traço típico das contribuições. Por fim, não é matéria cuja cogitação interesse exclusivamente aos lindes do Direito Financeiro. A parafiscalidade tem relevantes implicações para o Direito Tributário. Vejamos o porquê.

A não coincidência entre a titularidade da competência impositiva e a indicação do sujeito ativo da relação jurídica não desnaturam o caráter tributário da exigência. Da mesma forma, a disponibilidade do recurso ao eleito para figurar no polo ativo dessa mesma relação jurídica, com o objetivo de aplicação nos propósitos que motivaram a sua exigência, não modifica a sua natureza tributária. A parafiscalidade harmoniza-se plenamente com o conceito de tributo.[198]

---

197. *Curso de direito constitucional tributário*, p. 527.

198. Sobre o assunto, ver Roque Carrazza, *O sujeito ativo da obrigação tributária*.

PAULO AYRES BARRETO

Não é, ainda, a parafiscalidade critério juridicamente relevante para diferençar as contribuições de outras espécies tributárias.

Por fim, como predicamos o relevo do destino da arrecadação, para fins tributários, discordamos da assertiva de que o tema da parafiscalidade insere-se exclusivamente nas preocupações dos que se dedicam a estudar o Direito Financeiro. Não foi esse o caminho trilhado pelo legislador constituinte de 1988 que, claramente, atribuiu relevo ao destino do produto da arrecadação.

3.6 As contribuições como espécies tributárias autônomas

A linguagem prescritiva do direito positivo tem propósitos sistêmicos. Uma das razões para a dificuldade de se ter um entendimento mais uniforme sobre as contribuições no Direito Tributário brasileiro, seja em termos doutrinários, seja em relação às decisões de nossos tribunais, é, a nosso ver, a ausência de uma clara sistematização da matéria no plano legislativo.

As referências às contribuições foram surgindo no direito positivo sem a preocupação de uma visão sistemática do tema. Exemplos dessa assertiva são (i) as inserções prescritivas fora do capítulo do sistema tributário, como ocorreu na Constituição Federal de 1946; (ii) a singela menção à contribuição de melhoria como espécie tributária, em sucessivos Textos Constitucionais; e (iii) a dubiedade provocada pela não referência a outras contribuições que não a de melhoria, na redação original do Código Tributário Nacional, como explanado no item 3.3 supra.

Diversamente do direito positivo espanhol, que procurou identificar a natureza jurídica das contribuições, reconhecer seu caráter tributário, seus traços típicos e sistematizá-las já no plano legislativo, no Brasil, as prescrições do direito posto não primam pela preocupação sistêmica, abrindo ensanchas para um maior descompasso doutrinário e jurisprudencial. A construção de sentido, a harmonização e a atribuição de feição sistêmica às normas que dizem com a temática das

CONTRIBUIÇÕES
REGIME JURÍDICO, DESTINAÇÃO E CONTROLE

contribuições exigem maior labor do exegeta, em face do direito positivo brasileiro. Nesse contexto insere-se a questão da consideração das contribuições, na Constituição Federal de 1988, como espécie tributária autônoma.

Firmemos algumas premissas para o assentamento de nossa posição sobre o tema:

a) o vocábulo "contribuição" tem significação própria – seja no uso comum, seja no uso técnico – distinta de imposto e taxa;

b) o legislador constituinte fez menção às contribuições em várias oportunidades no Texto Constitucional;

c) o legislador constituinte poderia, se assim pretendesse, ter referido sempre impostos e taxas; se não o fez, tem-se um importante indício de que as contribuições deles (impostos e taxas) se distinguem;

d) o legislador constituinte poderia, também, ter trilhado o caminho adotado pela legislação portuguesa, que submete as contribuições ao regime jurídico dos impostos; porém, não é essa a dicção constitucional;

d) há, no Texto Constitucional de 1988, diferentes mecanismos de outorga de competência tributária. Por força disso, o exercício dessa competência está jungido à observância de critérios diversos;

e) nos impostos, taxas e contribuição de melhoria, perquire-se sobre a amplitude da competência constitucionalmente referida, mediante a indicação das materialidades, delimitadoras dessa competência, bem como dos requisitos para o exercício da chamada competência residual pela União;

f) nas contribuições, o foco reside na causa para a instituição do tributo, no exame da necessidade e adequação do tributo para o custeio de uma atividade estatal específica. As materialidades, quando referidas, configuram limite adicional a ser respeitado;

g) as receitas públicas geradas com a arrecadação de impostos não podem ser vinculadas a órgão, fundo ou despesa, ao passo que, nas contribuições, tais vinculações são constitucionalmente exigidas;

h) as receitas decorrentes de contribuições sujeitam-se a controle quantitativo. Devem ser dimensionadas em conformidade com os dispêndios gerados pela atividade estatal que fundamentou a sua instituição. As receitas advindas de impostos não se submetem a tal controle.

Nesse sentido, no julgamento do AgRE 426.848/MG,[199] o STF reconheceu que a destinação consubstancia elemento essencial da espécie tributária "contribuição". Em seu voto, o Min. Luís Roberto Barroso afirmou que "em regra, a destinação da arrecadação integra a própria regra-matriz da norma impositiva de uma contribuição". Conforme demonstraremos abaixo, afigura-se mais preciso afirmar que a destinação é uma regra autônoma, mas imbricada à regra-matriz de incidência da contribuição, em que pese seja essencial para a sua válida cobrança. No entanto, a ideia de que a destinação faz parte integrante dos pressupostos de validade de uma contribuição é perfeita. Em síntese, há sobejas razões – cujo elenco é fruto, exclusivamente, da observação do direito posto – para o reconhecimento de que as contribuições têm importantes traços diferenciadores das demais espécies tributárias, fato que nos autoriza a considerá-las espécie autônoma, não redutíveis a imposto ou taxa. A análise das espécies de contribuição, previstas na Constituição Federal de 1988, constitui etapa necessária para a assimilação dos aspectos que as caracterizam.

---

199. Recurso Extraordinário 426.848/MG, Primeira Turma, Rel. Min. Roberto Barroso, publicado no *DJ* de 25.10.2016.

CONTRIBUIÇÕES
REGIME JURÍDICO, DESTINAÇÃO E CONTROLE

3.7 As espécies de contribuições

O art. 149 da Constituição Federal faz menção a três espécies de contribuição: as sociais, as de intervenção no domínio econômico e as de interesse das categorias profissionais ou econômicas.

O Ministro Carlos Velloso, do Supremo Tribunal Federal, ao indicar as espécies tributárias, apresenta proposta de classificação das contribuições. São suas palavras:

> As diversas espécies tributárias determinadas pela hipótese de incidência ou pelo fato gerador da respectiva obrigação (CTN, art. 4º), são as seguintes: a) impostos (CF, arts. 145, I, 153, 154, 155 e 156); b) as taxas (CF, art. 145, II); c) as contribuições que podem ser assim classificadas: c.1. de melhoria (CF, art. 145, III); c.2. parafiscais (CF, art. 149), que são: c.2.1. sociais, c.2.1.1., de seguridade social (CF, art. 195, I, II, III), c.2.1.2. outras de seguridade social (CF, art. 195, parágrafo 4º), c.2.1.3. sociais gerais (o FGTS, o salário-educação, CF, art. 212, § 5º, contribuições para o Sesi, Senai, Senac, CF, art. 240); c.3. especiais; c.3.1. de intervenção no domínio econômico (CF, art. 149). Constituem, ainda, espécie tributária: d) empréstimos compulsórios (CF, art. 148).[200]

Ao inserir o § 4º no art. 177 da Constituição Federal, a Emenda Constitucional 33 de 2001 criou norma de competência específica para a instituição de contribuição de intervenção sobre o domínio econômico relativamente às atividades de importação e comercialização de petróleo, derivados e álcool combustível.

Ademais, por força da Emenda Constitucional 39, de 19 de dezembro de 2002, foi acrescido o art. 149-A ao Texto Constitucional, de forma a criar, pretensamente, nova outorga de competência aos Municípios e ao Distrito Federal, para a instituição de contribuição para o custeio do serviço de iluminação pública. Examinemos os contornos de cada uma das contribuições enumeradas, ressaltando que da contribuição de melhoria já cuidamos no capítulo anterior.

---

200. Recurso Extraordinário n. 138.284/CE, Tribunal Pleno, Rel. Min. Carlos Velloso, publicado no *DJ* de 28.08.1992.

3.7.1 As contribuições sociais

A Constituição Federal de 1988 estruturou-se mediante o influxo de diferentes tendências, apresentando como resultado final matizes variáveis, em consonância com maior ou menor interferência dos grupos de pressão política. Não é possível identificar um vetor claro, uno.

No capítulo dedicado à ordem econômica, é possível encontrar dicções mais voltadas para uma visão liberal de Estado. Eros Roberto Grau entende que a ordem econômica na Constituição de 1988 define opção por um sistema capitalista.[201]

Já no capítulo dedicado à ordem social, percebe-se uma tendência de positivação de um Estado social. O rol de encargos da União no campo social é imenso. Para atender a tantos encargos, é preciso buscar os recursos necessários ao custeio das atividades do Estado.

Nos debates que se travavam no âmbito da assembleia nacional constituinte, não havia um modelo externo para servir de parâmetro.[202] O único mote, o contraponto a ser observado, era a necessária proscrição dos resquícios do regime autoritário anterior. Daí a coexistência de tendências que apontam para direções opostas.

Tercio Sampaio Ferraz Junior mostra, com clareza, o cenário em que foi erigida a Constituição Federal de 1988 e as consequências decorrentes da ausência de um modelo:

> Esta ausência de um modelo externo explícito marca uma peculiaridade da Constituição vigente em face de anteriores. Talvez por isso se possa, no caso dela, buscar na sua controvertida sistemática um elo próprio, capaz de ligar tendências aparentemente divergentes que a fazem ora um presidencialismo com traços parlamentaristas, ora uma social-democracia com traços

---

201. *A ordem econômica na Constituição de 1988* (Interpretação e Crítica), p. 323.

202. Cf. Tercio Sampaio Ferraz Jr., "Notas sobre Contribuições Sociais e Solidariedade no Contexto do Estado Democrático de Direito", in *Solidariedade social e tributação*, p. 209.

CONTRIBUIÇÕES
REGIME JURÍDICO, DESTINAÇÃO E CONTROLE

corporativistas, ora um neoliberalismo com traços intervencionistas, ora um capitalismo com traços estatistas, ora um desenvolvimentismo com traços assistencialistas etc. Esta sistemática controvertida não foi, ademais, fruto de uma tendência consciente e de uma proposta explícita, mas resultou do próprio processo constituinte de 1987, que não partiu de nenhum projeto, mas distribuiu as diferentes temáticas por inúmeras comissões, cujos resultados foram encaminhados depois a uma comissão central, onde se deu então a convergência formalmente dispersiva das várias pressões sociais. Nesta convergência e à luz de seu passado constitucional é que se torna significativo o modelo de Estado proposto como Estado Democrático de Direito.

O que se propôs na Constituinte de 87 foi um processo de transformação do Estado.[203]

Essa "convergência dispersiva", para usar a expressão de Tercio Sampaio Ferraz, fica mais evidente quando se busca a compatibilização de regras insertas em diferentes capítulos da Constituição, elaboradas sob a influência de grupos de pressão com tendências políticas opostas.

O espectro de atuação da União, no plano social, é amplo. Para financiar a atividade estatal neste segmento, outorgou-se competência para a União criar contribuições sociais. Tais contribuições podem ser subdivididas em (i) contribuições destinadas ao financiamento da seguridade social e (ii) outras contribuições sociais.

Relativamente às destinadas à seguridade social, há referência expressa no Texto Constitucional – art. 195, I a IV – às materialidades que especificamente devem ser colhidas pelo legislador ordinário federal para criar contribuições que objetivem financiar a atividade estatal. Além disso, há a possibilidade de se instituir outras fontes destinadas a garantir a manutenção ou expansão da seguridade social, desde que observado o disposto no art. 154, I, da Constituição Federal (lei complementar, não cumulatividade, fato gerador e base de

---

203. "Notas sobre Contribuições Sociais e Solidariedade no Contexto do Estado Democrático de Direito", in *Solidariedade social e tributação*, p. 209.

cálculo distintos de outros impostos discriminados na Constituição). Noutro dizer, há contribuições cuja materialidade já vem prefinida na outorga da competência.

As contribuições sociais gerais[204] destinam-se ao financiamento das demais áreas de atuação da União, no campo social, que, como dissemos, tem grande abrangência. A ordem social é fundada no primado do trabalho e objetiva o bem-estar e a justiça social. Engloba o direito à educação, cultura e habitação.

Três questões de absoluto relevo devem ser enfrentadas no que concerne às contribuições sociais: a União é competente para instituir outras contribuições sociais, além das expressamente previstas nos arts. 195, 212, § 5º, 239 e 240? Em caso afirmativo, a nova contribuição poderia incidir sobre materialidade própria dos impostos discriminados na Constituição? Tal possibilidade afetaria o equilíbrio federativo?

A primeira questão se insere no contexto da rígida discriminação das competências impositivas. A outorga de competência à União, Estados, Distrito Federal e Municípios, para instituírem impostos, é precisamente demarcada. Só a União detém a chamada competência residual, ainda assim de forma circunscrita, nos termos do disposto no art. 154, I, da Constituição Federal. No que concerne às contribuições destinadas à seguridade social, prevaleceria o mesmo fechamento sistêmico: indicação de materialidades e os mesmos limites aplicáveis aos impostos para o exercício da competência residual. Como a materialidade de novas contribuições sociais que viessem a ser criadas retrataria, usualmente, um fato de possível ocorrência, que independeria de qualquer atividade estatal relativa aos contribuintes – não se cogita aqui da causa para sua instituição, nem da destinação do produto da arrecadação – a restrição constitucional decorrente da demarcação das materialidades, para instituição de impostos e contribuições destinadas à seguridade, restaria esvaziada. O leque de

---

204. As contribuições sociais que a doutrina denomina "gerais" são, na verdade, específicas, no sentido de que são destinadas a um fim social especificamente determinado.

CONTRIBUIÇÕES
REGIME JURÍDICO, DESTINAÇÃO E CONTROLE

possibilidades que se abriria para a criação de outras contribuições sociais seria imenso.

Ives Gandra da Silva Martins assim se pronuncia sobre o assunto:

> Sendo rígido o sistema tributário e regulado pela estrita legalidade, assim como, estando entre as limitações constitucionais ao dever de tributar, o da estrita legalidade (art. 150, inc. I), não há espaço para a criação de contribuições fora das hipóteses constitucionais, risco de toda a Constituição, no capítulo do sistema tributário, tornar-se desnecessária, no máximo, servindo para sofisticadas tertúlias acadêmicas de olímpico alheamento.[205]

Em contraposição, José Eduardo Soares de Melo admite a possibilidade de que sejam instituídas outras contribuições sociais, "desde que haja observância aos elementos básicos, como, receita pública derivada, compulsoriedade, parafiscalidade, destinação específica dos seus recursos, e vinculação a determinado grupo."[206]

O art. 149 da Constituição Federal menciona as espécies de contribuições: sociais, de intervenção no domínio econômico e no interesse de categorias profissionais ou econômicas. As primeiras (contribuições sociais) se subdividem em: (i) de seguridade social e (ii) específicas, no sentido de que são destinadas a um fim social especificamente determinado. Tais espécies de contribuições sociais estão sujeitas a regimes constitucionais próximos, mas não idênticos.

As contribuições sociais destinadas à seguridade social têm materialidades definidas constitucionalmente, existindo ainda a outorga de uma competência residual, cujo exercício é condicionado à observância das restrições postas no art. 154, I, da Constituição Federal. Além disso, são submetidas à

---

205. "As Contribuições no Sistema Tributário Brasileiro", in *As contribuições no sistema tributário brasileiro*, p. 341.

206. "Contribuições no Sistema Tributário", in *As contribuições no sistema tributário brasileiro*, p. 356.

chamada anterioridade nonagesimal, nos termos do art. 195, § 6º, da Constituição.

Além das contribuições sociais destinadas à seguridade social, outras contribuições sociais podem ser instituídas, desde que sirvam de instrumento de atuação da União na área social e observem o disposto no art. 146, III, e 150, I e III da Carta Magna. Não há circunscrição a determinadas materialidades. Não está jungido, de outra parte, o legislador infraconstitucional àquelas específicas situações em que a própria Constituição Federal faz menção a fontes adicionais de financiamento, como é o caso da contribuição social do salário- educação (art. 212, § 5º).

Em suma, é ampla a competência da União para instituir contribuições sociais, além das destinadas à seguridade social, à luz do que dispõe o art. 149 da Constituição Federal.

Mas, tal amplitude não representaria uma abertura sistêmica que infirmaria todo um rol de regras delimitadoras da atividade impositiva, insertas no Texto Constitucional?

Não podemos nos olvidar de que a outorga de competência para que União, Estados, Distrito Federal e Municípios criem taxas de serviço ou de polícia, também, é ampla. Em razão de todo e qualquer serviço público, específico e divisível, é possível instituir uma taxa diferente. O mesmo ocorre em relação ao exercício do poder de polícia.

Objeção a este argumento pode surgir, calcada na alegação de que, nas contribuições, a materialidade é usualmente de imposto e já há um amplo rol (de materialidades) discriminado na outorga de competência dos entes tributantes. Ocorre que a necessidade de se observar as restrições do art. 154, I, da Constituição Federal é posta apenas para as contribuições de seguridade social. Tais restrições não se aplicariam às demais contribuições sociais. Para estas, há outros limites que não decorrem desse dispositivo constitucional.

Nada obstaria que a União, titular da competência para instituição do imposto de importação, fizesse uso, por

CONTRIBUIÇÕES
REGIME JURÍDICO, DESTINAÇÃO E CONTROLE

exemplo, da materialidade desse imposto para erigir regra-matriz de contribuição social que não de seguridade social. Ela, União, é a detentora de ambas as competências impositivas: (i) para instituir o imposto de importação e (ii) para criar contribuições sociais específicas. Se optasse pelo imposto, o montante arrecadado seria destinado ao orçamento geral da União. Se decidisse pela contribuição, a destinação seria específica. Sucede que o pacto federativo brasileiro foi estruturado a partir de dois pressupostos distintos de financiamento de suas despesas, a saber: outorga de competência impositiva e repartição das receitas tributárias.

Como didaticamente leciona José Artur Lima Gonçalves, "a própria Constituição entregou a cada um destes entes federados um instrumento financeiro, que viabiliza a obtenção de recursos necessários ao seu regular financiamento."[207] E prossegue: "Este instrumento financeiro é composto por dois mecanismos técnicos: i) parcela rígida e incomunicável de competência tributária impositiva, e ii) parcela igualmente rígida de participação no produto da arrecadação global de impostos."[208]

Logo, se um imposto, cuja arrecadação for objeto de partilha com outro ente tributante, vier a ser substituído por uma contribuição social específica, haverá claramente um comprometimento do equilíbrio da federação. Pertencem aos Municípios, *ex vi* do art. 158, II, da Constituição Federal, exemplificativamente, cinquenta por cento do produto da arrecadação do imposto da União sobre a propriedade territorial rural, relativamente aos imóveis nele situados, cabendo a totalidade na hipótese da opção a que se refere o art. 153, § 4º, III. Assim, se a União substituir a cobrança do imposto territorial rural por contribuição social específica, estará, inexoravelmente, comprometendo as finanças dos Municípios e,

---

207. "Contribuições de Intervenção", in *Grandes questões atuais do direito tributário*, vol. 7, p. 295.

208. Idem.

consequentemente, a estrutura em que foi assentado o pacto federativo. Evidentemente, em relação aos impostos cuja arrecadação não é objeto de partilha, a mesma objeção não se sustenta. Em resumo, contribuições sociais específicas podem ser criadas pela União com a mesma materialidade de impostos de sua competência privativa, cujo produto da arrecadação não seja objeto de partilha com outro ente tributante.

A situação será completamente distinta se a materialidade for de imposto cuja competência para instituição seja privativa de outros entes tributantes. Nesse caso, põe-se em risco o equilíbrio federativo. Ao discriminar as competências impositivas, o legislador constituinte reservou algumas materialidades aos Estados, Municípios e Distrito Federal. Ser proprietário de imóvel predial ou territorial urbano é fato revelador de certa capacidade contributiva. Ao pretender alcançar este fato, mediante incidência de contribuição social, a União reduzirá, podendo até suprimir, a competência tributária impositiva do Município, relativamente ao IPTU. Há regramento específico, decorrente da rígida discriminação de competência impositiva, que afasta essa possibilidade. Os princípios federativos e da autonomia municipal corroboram esse entendimento.

José Eduardo Soares de Melo posiciona-se enfaticamente sobre esse tema:

> Na medida em que as contribuições invadam as competências privativas dos Estados, DF, e Municípios, a União estará objetivando receitas que não lhes foram atribuídas pela CF, destruindo a federação, e comprometendo os recursos privativos destas pessoas públicas.[209]

Aliás, essa é a razão para a definição de materialidades, no Texto Constitucional, a serem utilizadas pelo legislador ordinário para a instituição de contribuições de seguridade social. A contribuição destinada à seguridade social, incidente

---

209. "Contribuições no Sistema Tributário", in *As contribuições no sistema tributário brasileiro*, p. 360.

CONTRIBUIÇÕES
REGIME JURÍDICO, DESTINAÇÃO E CONTROLE

sobre a receita, alcançará, inexoravelmente, fatos cuja descrição legislativa da hipótese de incidência está reservada à competência privativa de Estados, Municípios e Distrito Federal. A receita de prestação de serviços, base de cálculo do imposto sobre serviços, será também base de cálculo da contribuição destinada ao financiamento da seguridade social.

Nessa hipótese, não há invasão de competência por força de expressa autorização constitucional. Ciente da relevância da seguridade social brasileira, e da consequente necessidade de a ela assegurar fontes de custeio, o legislador constituinte estabeleceu as hipóteses específicas em que é admitido o alcance, por intermédio de contribuição, de um fato de possível ocorrência, reservado à competência de Estados, Municípios e Distrito Federal.

Em súmula, a Constituição Federal não autoriza sejam criadas outras contribuições sociais que não aquelas cuja materialidade foi por ela prevista, com hipótese de incidência de impostos, conferidos à competência privativa de Estados, Distrito Federal e Municípios.

Outra questão relevante diz respeito à possibilidade de modificação da natureza jurídica de uma contribuição em razão da mudança de sua destinação. No julgamento do já referido AgRE 426.848/MG,[210] o Supremo Tribunal Federal foi instado a manifestar-se sobre a circunstância de a alteração da destinação do produto da Contribuição Social sobre o Lucro Líquido (CSLL) e da Contribuição ao PIS, promovida pela EC 10/96, alterar a sua natureza jurídica de contribuição à seguridade social para contribuição social geral.

O contribuinte então recorrente argumentava que a destinação dessas contribuições ao Fundo Social de Emergência criado pela Emenda Constitucional em questão fazia com que esses tributos se convertessem em contribuições sociais gerais, regidas pelo art. 149 da CF/88, e não pelo art. 195, de modo

---

210. Recurso Extraordinário 426.848/MG, Primeira Turma, Rel. Min. Roberto Barroso, publicado no *DJ* de 25.10.2016.

PAULO AYRES BARRETO

que lhes passaria a ser aplicável a anterioridade de exercício e não somente a anterioridade nonagesimal de que trata o § 6º do art. 195 da CF/88. Entretanto, o STF negou essa modificação de natureza jurídica. Em que pese tenha reconhecido que a destinação configura elemento essencial para a validade de uma contribuição, o voto condutor de lavra do Ministro Luís Roberto Barroso afirmou que

> um deslocamento temporário, cujo caráter excepcional parte do próprio texto constitucional, não pode se prestar a derrogar todo um regime jurídico identificado com as espécies tributárias criadas para o fim precípuo de custear a seguridade.

Segundo nos parece, esse entendimento merece reparos. Com efeito, se a natureza jurídica de uma contribuição é determinada por sua destinação, dentre outros fatores, a modificação dessa característica importa alteração da natureza jurídica da contribuição, mesmo que temporariamente. Com efeito, sendo a referibilidade entre a hipótese de incidência e a destinação um requisito constitucional para a validade de uma contribuição, não se pode aceitar que uma modificação "temporária" de destinação não seja objeto de controle conforme as normas específicas aplicáveis à contribuição em questão.

A mesma crítica merece o julgamento do STF no RE 376.504,[211] em que o tribunal, a partir do voto condutor do Min. Ricardo Lewandowski, afirmou que "a destinação de parte do produto da contribuição para o custeio de assistência médica a ser prestada pelo instituto de previdência estadual, não desfigura a sua natureza de contribuição previdenciária". Nesse caso, entendeu-se que a exigência constitucional de destinação das contribuições previdenciárias cobradas pelos Estados dos seus servidores não impediria a parcial destinação dos recursos a finalidade diversa, como a assistência médica. A nosso ver, a fundamentação adotada não procede. Conforme amplamente

---

211. Recurso Extraordinário 376504, Primeira Turma, Rel. para Acórdão Min. Ricardo Lewandowski, publicado no *DJ* em 01.02.2013.

exposto, as contribuições demandam referibilidade entre a sua causa e a destinação do produto da arrecadação.

São estes os aspectos relevantes que, por ora, julgamos oportuno registrar em relação às contribuições sociais. Vamos examinar as contribuições de interesse de categorias profissionais ou econômicas.

3.7.2 Contribuições de interesse de categorias profissionais ou econômicas

A Constituição Federal vigente outorgou à União competência para instituir contribuições de interesse das categorias profissionais ou econômicas, a teor do que dispõe o seu art. 149. A organização, regulação e fiscalização dessas atividades profissionais poderiam ficar a cargo da União. As leis instituidoras de contribuições de interesse das categorias profissionais ou econômicas elegem sujeito ativo diverso da pessoa que a expediu, no caso a União, atribuindo aos próprios sujeitos ativos a disponibilidade do montante arrecadado, para a consecução das atividades de organização, regulação e fiscalização dessas categorias profissionais ou econômicas, bem como na representação e defesa de seus interesses coletivos. Os custos decorrentes dessa atuação deverão ser suportados por específica contribuição de interesse de categoria profissional ou econômica.

Roque Carrazza ensina que

> as *contribuições de interesse das categorias profissionais ou econômicas, como instrumento de sua atuação nas respectivas áreas (contribuições corporativas)*, destinam-se a custear entidades (pessoas jurídicas de direito público ou privado) que têm por escopo fiscalizar e regular o exercício de determinadas atividades profissionais ou econômicas, bem como representar, coletiva ou individualmente, categorias profissionais, defendendo seus interesses.[212]

---

212. *Curso de direito constitucional tributário*, p. 548.

Entre os membros de uma determinada categoria profissional ou econômica deverá ser rateada a parte que cabe a cada um nas despesas ou encargos comuns. Tais despesas são suportadas pelo delegatário da capacidade tributária ativa, a quem serão carreadas, também, as receitas advindas do rateio. Trata-se de hipótese típica de parafiscalidade.

3.7.3 Contribuições de intervenção no domínio econômico

A terceira espécie de contribuição prevista no *caput* do art. 149 da Constituição Federal é a contribuição de intervenção no domínio econômico, sempre como instrumento de atuação da União. Domínio econômico é expressão que se insere num contexto mais amplo: o da ordem econômica. Para Eduardo Domingos Bottallo, é o "conjunto de todas as normas jurídicas relacionadas com a disciplina do comportamento dos sujeitos econômicos."[213]

Tal espécie contributiva tem dado ensejo a diversas polêmicas. Dentre elas destacamos:

a) Em que hipóteses cabe a intervenção?

b) Qual o conteúdo semântico da expressão "domínio econômico"?

c) A vigência de contribuição desta natureza deve ser limitada no tempo?

d) Quem pode ser sujeito passivo desta contribuição?

e) Como deve ser aplicado o montante arrecadado?

f) Tais contribuições podem ter fato gerador de outros impostos discriminados na Constituição Federal?

---

213. *Lições de direito público*, p. 141.

CONTRIBUIÇÕES
REGIME JURÍDICO, DESTINAÇÃO E CONTROLE

g) A vantagem ou benefício para o sujeito passivo há de estar presente nas contribuições de intervenção no domínio econômico?

Vamos enfrentá-las.

O delineamento do alcance, para fins tributários, da outorga de competência para instituição dessa espécie de contribuição exige a conjugação dos traços típicos de toda e qualquer contribuição, com as notas características de uma medida de "intervenção" que se opere "no domínio econômico".

O vocábulo "intervenção" vem do latim *interventio*, de *intervenire* significando "intrometer-se", "ingerir-se". Em acepção comum, anota De Plácido e Silva, "é tido o vocábulo como a *intromissão* ou *ingerência* de uma pessoa em negócios de outrem (...)."[214] Essa ingerência, no que respeita à contribuição que ora comentamos, dar-se á no domínio econômico.

Para Lúcia Valle Figueiredo,

> domínio é a área de abrangência, portanto, domínio econômico é a extensão na qual se compreendem as ações que envolvem a atividade privada no seu mister de fazer riquezas. Domínio econômico opõe-se a domínio público, área de abrangência da atividade estatal.[215]

Podemos afirmar, com base nas considerações até aqui tecidas, que as contribuições de intervenção no domínio econômico são tributos que se caracterizam por haver uma ingerência da União sobre a atividade privada, na sua condição de produtora de riquezas.

Essa intervenção deverá observar as diretrizes postas pela Constituição Federal no capítulo dedicado à ordem econômica, quais sejam: (i) respeito à livre-iniciativa (art. 170);

---

214. *Vocabulário jurídico*, vol. 2, p. 855.

215. "Reflexões sobre a Intervenção do Estado no Domínio Econômico", in *Revista de Direito Tributário* n. 81, p. 252.

PAULO AYRES BARRETO

(ii) preservação à livre-concorrência (art. 170, IV); (iii) planejamento indicativo para o setor privado (art. 174).

Não se trata de intervenção cabível para reprimir práticas coibidas pela legislação concorrencial. Contribuição interventiva, espécie do gênero tributo, não se presta a sancionar ilicitudes. Para tanto, há os mecanismos positivados pela legislação dessa natureza.

Fábio Ulhoa Coelho predica que o direito "deve coibir as infrações contra a ordem econômica com vistas a garantir o funcionamento do livre mercado."[216]

A instituição de contribuição de intervenção no domínio econômico haverá, assim, de ter como pressuposto uma situação de desequilíbrio de mercado, que não decorra de práticas ilícitas, em que a sua criação seja condição para que, no tempo, haja o regular funcionamento desse mercado.

Ives Gandra da Silva Martins explica que a contribuição de intervenção no domínio econômico,

> sendo um instrumento interventivo, apenas pode ser adotado excepcionalmente e quando detectado desequilíbrio de mercado, que deva ser superado. Caso contrário, a contribuição conformaria uma forma de planejamento determinante para o segmento privado, o que vale dizer, se tornaria um tributo maculador da Lei Suprema.[217]

Cumpre, nesse passo, perquirir as formas pelas quais, genericamente, o Estado (*lato sensu*) intervém na economia para, em seguida, examinarmos em que condições essa intervenção pode ocorrer, por intermédio da instituição da espécie tributária contribuição.

Celso Antônio Bandeira de Mello analisou os modos pelos quais o Estado intervém no domínio econômico. São suas palavras:

---

216. *Direito antitruste brasileiro* – Comentários à Lei n. 8.884/94, p. 05.

217. "As Contribuições e o Artigo 149 da Constituição Federal", in *Grandes questões atuais do direito tributário*, vol. 6, p. 197.

CONTRIBUIÇÕES
REGIME JURÍDICO, DESTINAÇÃO E CONTROLE

> Considerando-se panoramicamente a interferência do Estado na ordem econômica, percebe-se que esta pode ocorrer de três modos, a saber, (a) ora, dar-se-á através de seu "poder de polícia", isto é, mediante leis e atos administrativos expedidos para executá-las, como "agente regulador da atividade econômica", caso no qual exercerá as funções de "*fiscalização*" e em que o "planejamento" que conceber será meramente "indicativo para o setor privado' e 'determinante para o setor público", tudo conforme prevê o art. 174; ora o fará (b) mediante incentivos à iniciativa privada (também supostos no art. 174), estimulando-a com favores fiscais; e ora (c) ele próprio, em casos excepcionais, como logo se dirá, atuará empresarialmente no setor, mediante pessoas que cria para tal fim.[218]

Como sabemos, caso o Estado tenha pretensão de obter a contrapartida necessária para fazer cobrir os custos decorrentes do exercício do poder de polícia, deverá instituir taxa, em consonância com o disposto no art. 145, II, da Constituição Federal. Noutro dizer, não se cogita da criação de contribuição interventiva remuneratória do exercício do poder de polícia.

Na terceira hipótese referida por Celso Antônio Bandeira de Mello, temos o Estado atuando empresarialmente. Preceitua o art. 173 da Constituição Federal que,

> ressalvados os casos previstos nesta Constituição, a exploração direta de atividade econômica pelo Estado só será permitida quando necessária aos imperativos da segurança nacional ou a relevante interesse coletivo, conforme definidos em lei.

O Estado, ao atuar empresarialmente, não será remunerado por uma contribuição de intervenção no domínio econômico.

Resta a atuação de cunho incentivador por parte do Estado. Estamos convencidos de que somente nesse campo é que há autorização constitucional para a instituição de contribuição de intervenção no domínio econômico.

---

218. *Curso de direito administrativo*, pp. 434 e 435.

Dissemos que a atuação interventiva do Estado, por intermédio de instituição de contribuição de intervenção no domínio econômico, deve buscar a regulação de um mercado que padece de algum descompasso. Dentre os princípios que norteiam a ordem econômica, estão o respeito à livre iniciativa e à preservação à concorrência. Portanto, qualquer possibilidade de intervenção deve ficar adstrita à consecução dessas diretrizes constitucionais.

Se se cogitar da criação de uma contribuição, é forçoso associar tais diretrizes à possibilidade de uma atuação estatal, voltada a um grupo que irá suportar os ônus dela decorrentes. Além disso, a referida atuação estatal deve reverter em favor do próprio grupo. Uma vez regulado o mercado, desaparecem os pressupostos autorizativos da instituição da contribuição interventiva.

Luís Eduardo Schoueri adverte que,

> se a intervenção estatal é voltada a determinado setor da economia, parece claro que é apenas ali que se buscarão os recursos para a atuação estatal (teoria do benefício); se a intervenção é ampla e indistinta, igualmente abrangente deve ser a busca dos recursos para o seu financiamento.[219]

A conjugação de todos esses requisitos só é viável, para fins de instituição de contribuição de intervenção no domínio econômico, mediante atuação positiva do Estado. Cabe a intervenção do Estado no domínio econômico mediante instituição de contribuição interventiva se, e somente se, sua atuação for de incentivo ou fomento, devendo perdurar até que desapareçam as razões que deram ensejo à sua instituição.

Sobre o tema, Tácio Lacerda Gama assevera que

> cabe ressalvar que a modalidade incentivo, destacada no esquema acima, é a única que se ajusta ao conceito de intervenção no

---

219. "Algumas Considerações sobre a Contribuição de Intervenção no Domínio Econômico no Sistema Constitucional Brasileiro. A Contribuição ao Programa Universidade-Empresa", in *Contribuições de intervenção no domínio econômico e figuras afins*, p. 362.

CONTRIBUIÇÕES
REGIME JURÍDICO, DESTINAÇÃO E CONTROLE

domínio econômico para fins da instituição das contribuições previstas no artigo 149 da Constituição Federal.[220]

Trata-se de modalidade de tributação que se compagina com os traços típicos que informam as contribuições, genericamente consideradas, bem assim com os mecanismos postos pelo legislador constituinte para atuação em face de desequilíbrios de mercado.

Necessário ainda gizar que a Constituição Federal não autoriza sejam criadas contribuições sociais com materialidade de impostos conferidos à competência privativa de Estados, Distrito Federal e Municípios. Aplicam-se aqui os mesmos argumentos aduzidos sobre o tema no tópico destinado ao exame das contribuições sociais.

Em apertada síntese, podemos concluir, respondendo às questões adrede formuladas, que as contribuições de intervenção no domínio econômico são tributos que se caracterizam por haver uma ingerência da União (*intervenção*) sobre a atividade privada, na sua condição de produtora de riquezas (*domínio econômico*). Tal forma de intervenção deve ser adotada em caráter excepcional se, e somente se, for detectado um desequilíbrio de mercado, que possa ser superado com a formação de um fundo que seja revertido em favor do próprio grupo alcançado pela contribuição interventiva. Além disso, a Constituição Federal não autoriza sejam criadas contribuições dessa natureza cujo critério material seja de imposto conferido à competência privativa de Estados, Distrito Federal e Municípios.

3.8 Contribuição para o custeio do serviço de iluminação pública

Por intermédio da Emenda Constitucional 39/2002, foi inserido o art. 149-A no Texto Constitucional, por força do qual

---

220. *Contribuição de intervenção no domínio econômico*, p. 225.

PAULO AYRES BARRETO

foi outorgada competência aos Municípios para instituir contribuição para o custeio do serviço de iluminação pública.

Diversas foram as tentativas de se instituir taxa de iluminação pública. O Supremo Tribunal Federal entendeu tratar--se de "exação inviável, por ter fato gerador inespecífico, não mensurável, indivisível e insuscetível de ser referido a determinado contribuinte, a ser custeado por meio de produto de arrecadação dos impostos gerais."[221]

O serviço de iluminação pública tem caráter geral, alcançando toda a coletividade. Não é específico, nem divisível. Não pode, assim, ser remunerado por taxa. A outorga constitucional de competência para instituição de taxa só abrange os serviços específicos e divisíveis.

Surge, então, a Emenda Constitucional 39/2002, com a pretensão de solucionar todas essas dificuldades mediante outorga de competência para instituir contribuição de iluminação pública. Tratando-se de contribuição, e não mais taxa, a mera existência de uma finalidade teria o condão de superar quaisquer empecilhos à instituição do tributo.

Ocorre que, nas contribuições, deve haver, sempre, um nexo causal entre a finalidade e o grupo social que a persegue. Esse grupo não pode se confundir com toda a coletividade. Como diz Marco Aurelio Greco,

> outro elemento relevante para aferir a constitucionalidade da contribuição é identificar a existência de um grupo econômico ou social em relação ao qual a finalidade constitucional autorizadora da instituição a contribuição se relaciona.[222]

Nas contribuições, a identificação do grupo para o qual se volta a atividade estatal é fundamental. Esse grupo não pode se confundir com toda a coletividade. Se toda a coletividade é

---

221. Recurso Extraordinário n. 231.764-6/RJ, Tribunal Pleno, Rel. Min. Ilmar Galvão, publicado no *DJ* de 21.05.1999.

222. *Contribuições* (Uma Figura "Sui Generis"), p. 243.

114

CONTRIBUIÇÕES
REGIME JURÍDICO, DESTINAÇÃO E CONTROLE

alcançada, o gasto é geral e, nos termos da partilha de competência constitucional, gastos gerais, inespecíficos, indivisíveis devem ser suportados pela arrecadação de impostos.

Como dissemos por ocasião do exame do tributo e suas causas,[223] para o atendimento das necessidades gerais da coletividade só há autorização constitucional para a instituição de imposto. A prestação de serviços públicos específicos e divisíveis e o exercício do poder de polícia só poderão ser remunerados por intermédio de taxas. A realização de obra pública de que decorra valorização imobiliária permitirá apenas a exigência de contribuição de melhoria. Em face de atividade estatal para atendimento de finalidades constitucionalmente definidas, que se voltem a uma parcela da coletividade (grupo), com previsão de destinação do produto da arrecadação a órgão, fundo ou despesa, só há autorização constitucional para a instituição de contribuições.

Se assim é, o contribuinte tem assegurado o direito subjetivo de não ser alcançado por intermédio da cobrança de taxa ou contribuição, em face de gastos que se destinem a toda coletividade. Trata-se de garantia individual do contribuinte, que não pode ser suprimida ou mitigada, ainda que por Emenda à Constituição Federal, a teor do que dispõe o seu art. 60, § 4º, IV.

Ademais, sustenta Anna Emilia Cordelli Alves que

> os serviços públicos somente serão prestados pelo ente público que detenha competência material para tanto – *no caso do serviço de iluminação pública, a União* – e que, ditos serviços, quando específicos e divisíveis (e como vimos o serviço de iluminação pública não apresenta tais características), somente poderão ser remuneradas por taxas.[224]

Segundo o escólio de Aires Barreto

> esse gravame, introduzido pela Emenda Constitucional n. 39/2002, é inconstitucional, por ofensa a cláusulas pétreas, eis que se trata

---

223. Ver item 2.5 do Capítulo II.

224. "Da Contribuição para o Custeio da Iluminação Pública", in *Revista Dialética de Direito Tributário* n. 97, p. 31.

de nítido serviço público, sem a circunstância intermediária caracterizadora das contribuições. Em princípio, esse serviço (fosse *uti singuli*) haveria de ser remunerado por taxa, mas o Poder Judiciário, acertadamente, viu nele o caráter de serviço *uti universi*, faltando-lhe, pois, especificidade e divisibilidade.[225]

Entendemos que, se o serviço de iluminação pública fosse específico e divisível, caberia a instituição de taxa, a ser instituída pela União. Não sendo este o caso, e não havendo como definir um grupo específico a ser beneficiado com a atividade estatal, não cabe a instituição de contribuição, mesmo após a vigência da Emenda Constitucional 39/2002, em razão da supressão da garantia individual do cidadão de não ser alcançado por contribuição, em face de dispêndio que se volta a toda coletividade.

3.9 Contribuições e a vantagem ou benefício

Muito se discute se a vantagem ou potencial benefício são traços característicos das contribuições. As posições variam desde a simples refutação, passando pela consideração de que se trata de aspecto acidental, chegando à sua aceitação como dado fundamental em toda e qualquer contribuição.

Estevão Horvath, ainda que centrando o foco de sua análise na contribuição interventiva, afirma que "não é necessário, segundo parece, que haja o 'especial benefício' referido aos sujeitos que por ela serão atingidos."[226]

Marco Aurélio Greco[227] e Paulo Rogério L. Pimenta[228] propugnam tratar-se de dado acidental. Está presente em várias espécies de contribuição, mas não necessariamente haverá de estar presente em todas.

---

225. Aires F. Barreto, *Curso de direito tributário municipal*, p. 7.

226. *Contornos da Contribuição de Intervenção no Domínio Econômico na Constituição de 1988*, tese indédita, USP, 2002, p. 96.

227. *Contribuições* (Uma Figura "Sui Generis"), p. 237.

228. *Contribuições de intervenção no domínio econômico*, p. 20.

CONTRIBUIÇÕES
REGIME JURÍDICO, DESTINAÇÃO E CONTROLE

Em contrapartida, Hamilton Dias de Souza defende que em

> toda a contribuição há de se supor que o sujeito passivo tenha um especial interesse na atividade administrativa correspondente, traduzindo-se tal interesse em uma vantagem ou benefício, ainda que supostos.[229]

Ao analisar as contribuições destinadas à seguridade social, identifica, assim, essa vantagem ou benefício:

> Na contribuição do empregado tal especial interesse é manifesto, não suscitando o tema maior polêmica. Na do empregador, entretanto, parece a muitos que não há referibilidade entre o que se exige e a atuação estatal. Todavia, não se nega, modernamente, que o empregador tenha especial interesse no bem-estar de seus empregados, de forma que, se a seguridade a estes se liga de maneira muito íntima, é claro que também diz respeito aos primeiros.[230]

Wagner Balera defende o mesmo posicionamento:

> O empregador acaba por se beneficiar dessa vantagem proporcionada ao trabalhador, pois é por meio dela que o obreiro adquire segurança quanto à situação física, mental e financeira de sua própria pessoa e de seus dependentes, assim no presente como no futuro. É óbvio que essa segurança colabora numa *maior performance* do obreiro por força de mecanismos psicológicos que não cabe ao jurista perscrutar, mas que saltam à vista.[231]

Filiamo-nos a essa terceira corrente. Com efeito, as prescrições constitucionais que se voltam para a espécie tributária contribuições permitem-nos inferir ser a vantagem ou especial benefício traço característico nas contribuições.

Registre-se que, como tivemos a oportunidade de verificar, as contribuições tributárias, na grande maioria dos ordenamentos jurídicos, já são prescritivamente desenhadas como

---

229. "Contribuições Especiais", in *Curso de direito tributário*, p. 508.

230. "Contribuições Especiais", in *Curso de direito tributário*, p. 509.

231. *A seguridade social na Constituição de 1988*, p. 53.

PAULO AYRES BARRETO

tributos devidos em razão de benefícios individuais ou de grupos derivados, da realização de obras públicas ou de atividades especiais do Estado.[232] Com essa acepção foram as contribuições, em nosso entendimento, introduzidas no direito positivo brasileiro, num primeiro momento, sendo, ainda com esse conteúdo de significação, incorporada à Constituição Federal em vigor. Trata-se de conceito incorporado, e não transformado, na visão que defendemos sobre os conceitos constitucionais.

Na contribuição de melhoria, a própria expressão reflete a perspectiva de vantagem ou benefício. Só há se cogitar da exigência se ocorrer efetivamente a valorização imobiliária.

Nas contribuições de interesse de categorias profissionais ou econômicas, a ênfase põe-se no vocábulo "interesse". Exige-se a contribuição em prol da categoria, de seu interesse, em benefício dos que a compõem. Em verdade, por mais tênue que seja a forma de reversão do tributo pago a esse título, não há como negar que há alguns benefícios decorrentes da organização das categorias profissionais ou econômicas.

Na contribuição de intervenção no domínio econômico, nos estritos termos em que a admitimos (intervenção positiva), a vantagem também estaria presente.

Nas contribuições de seguridade social, os benefícios são constitucionalmente referidos, como ocorre nos incisos I, II e IV do parágrafo único, do art. 194, e no § 5º do art. 195, ambos da Constituição Federal. Há expressa menção à universalidade da cobertura e do atendimento (art. 194, I), aos benefícios às populações urbanas e rurais (art. 194, II), à seletividade e distributividade dos benefícios e serviços de seguridade social (art. 194, III) e aos benefícios ou serviços de seguridade social (art. 195, § 5º).

Além disso, as lições de Hamilton Dias de Souza e Wagner Balera, acima referidas, merecem nosso acatamento.

---

232. Ver item 3.1 do Capítulo III.

118

CONTRIBUIÇÕES
REGIME JURÍDICO, DESTINAÇÃO E CONTROLE

O STF examinou essa questão no AgARE 710.133/PR,[233] envolvendo contribuição imposta aos clubes de futebol com vistas à realização de programas em benefício de atletas e ex- -atletas de futebol, instituída pelo art. 57, I, da Lei 9.615/98. O Tribunal entendeu tratar-se de contribuição de intervenção sobre o domínio econômico. Nesse passo, negou procedência à alegação da parte recorrente de que os clubes de futebol não teriam benefícios diretos com as atividades assistenciais prestadas aos atletas de futebol como um todo. Em seu voto condutor, a Min. Rosa Weber asseverou que

> não há a necessidade de vinculação direta do contribuinte ou a possibilidade de auferir benefícios com a aplicação dos recursos arrecadados, havendo que se fazer presente, lado outro, uma cor- relação lógica entre o beneficiado e o sujeito passivo da exação.

Com efeito, a referibilidade entre os contribuintes e o grupo objeto da intervenção não demanda, necessariamente, uma relação de benefício direto e imediato, havendo suficien- te relação entre os clubes e o desenvolvimento de atletas de futebol em geral.

Em síntese, entendemos que quem contribui para fundo, órgão ou despesa, mediante pagamento de tributo da espécie contribuição, o que faz em virtude de uma vantagem ou bene- fício que decorra da atividade estatal financiada pela contri- buição, e que se volte para o grupo de contribuintes.

3.10 Contribuições: seus traços típicos

Firmada a posição de que as contribuições não se con- fundem com impostos e taxas, e conhecidas as suas espécies, cuidemos de identificar seus traços comuns, ou seja, os aspec- tos que haverão de estar presentes em toda e qualquer contri- buição instituída.

---

233. Agravo Interno em Agravo em Recurso Extraordinário 710.133, Primeira tur- ma, Rel. Min. Rosa Weber, publicado no *DJ* em 13.08.2014.

A etimologia do vocábulo "contribuição" não há de ser desprezada. A contribuição em matéria tributária haverá sempre de referir a parte a que está sujeito o cidadão, para a formação de fundos necessários ao custeio de determinada(s) despesa(s) pública(s). Deflui do próprio signo, a noção de parte que cabe a cada um em certa despesa ou encargo comum. Se a contribuição for de natureza tributária, a despesa a ser rateada será pública.

De outra parte, a atividade estatal deverá se voltar para o grupo de pessoas instado a contribuir para o órgão, fundo ou despesa. Configura requisito essencial na contribuição a noção de parcialidade em relação à coletividade. Assim, é traço característico das contribuições a existência de um grupo econômico ou social para o qual se volta ou se dirige a finalidade constitucional autorizadora de sua instituição.

Há que se verificar uma vantagem ou benefício que vincule aquele que suporta o custo ou despesa (contribuinte), em relação à atividade a ser desenvolvida pelo Estado que o gera.

Além disso, tem que existir uma necessária correlação entre o custo da atividade estatal e o montante a ser arrecadado. O montante a ser arrecadado com a contribuição deve ser compatível com a despesa a ser por ela financiada. O critério de rateio desse custo deve levar em consideração, ainda, a participação de cada contribuinte na geração da despesa.

Por fim, o produto da arrecadação deve, necessariamente, ser aplicado na finalidade que deu causa à instituição da contribuição. Não basta a mera previsão legislativa nesse sentido. É fundamental que, uma vez pago o tributo ao ente tributante, surja para tal ente o dever jurídico de destinar esse montante ao correspectivo órgão, fundo ou despesa que deu causa à instituição do tributo.

Capítulo IV

PRINCÍPIOS INFORMADORES DAS CONTRIBUIÇÕES – LIMITES FORMAIS

Dissemos que a Constituição Federal vigente estabelece os princípios estruturantes do nosso sistema jurídico, bem como fixa uma série de regras delimitadoras do conteúdo, sentido e alcance desses princípios, a fim de permitir um maior controle dos fins almejados. Firmamos ainda posição no sentido de que, do cotejo entre a significação dos princípios e das regras que demarcam de forma mais precisa o mecanismo de realização desses princípios, exsurge, como resultante, a efetiva dicção constitucional.

Imbricados com o tema das contribuições, há princípios que encerram verdadeiros limites objetivos, como, por exemplo, o da anterioridade, e outros que apontam para valores, como é o caso do princípio da solidariedade.

A Constituição Federal em vigor estabelece que as contribuições referidas no art. 149 devem observar os princípios da legalidade (art. 150, I), irretroatividade (art. 150, III, "a") e anterioridade (arts. 150, III, "b" e 195, § 6º). Há, ainda, prescrições de cunho principiológico afeitas a uma das espécies de contribuição (de seguridade social), como, por exemplo, os princípios da solidariedade (art. 195) e da equidade (art. 194, V). Além disso, cumpre examinar a sujeição ou não das contribuições – não há referência expressa no art. 149 – aos princípios da capacidade contributiva e do não confisco. Cuidemos, inicialmente, dos princípios que informam todas as espécies de contribuição.

4.1 Princípio da legalidade

As contribuições estão submetidas ao princípio da estrita legalidade. A lei instituidora de contribuição deve permitir a precisa identificação de todos os critérios conformadores da regra-matriz de incidência tributária. Deve também referir os motivos que deram ensejo à sua criação e à sua finalidade, de forma a possibilitar o exame de necessidade e adequação da novel exigência, bem como vincular o destino da arrecadação.

Segundo Paulo de Barros Carvalho, por força desse princípio tem-se a

> necessidade de que a lei adventícia traga no seu bojo os elementos descritores do fato jurídico tributário e os dados prescritores da relação obrigacional. Esse *plus* caracteriza a *tipicidade tributária*, que alguns autores tomam como outro postulado imprescindível ao subsistema de que nos ocupamos, mas que pode, perfeitamente, ser tido como uma decorrência imediata do princípio da estrita legalidade.[234]

No caso específico das contribuições, além da descrição do fato de possível ocorrência, no antecedente, e da relação jurídica que se instala no consequente da regra-matriz de incidência tributária, a lei deverá permitir a identificação dos motivos que ensejaram a sua instituição, bem como a sua finalidade.

Ainda que voltadas especificamente para a contribuição de intervenção no domínio econômico, as lições de Roque Carrazza se aplicam ao que pretendemos demonstrar. São suas palavras:

> Pelo contrário, há a necessidade de correlação lógica entre as causas e fundamentos da intervenção no domínio econômico

---

234. *Curso de direito tributário*, pp. 158 e 159.

CONTRIBUIÇÕES
REGIME JURÍDICO, DESTINAÇÃO E CONTROLE

e a instituição do tributo ora em estudo. É que são justamente tais causas e fundamentos que justificam a própria instituição da contribuição interventiva.

Todos esses detalhes devem, por evidente, figurar na lei instituidora da exação, até porque eles balizam, inclusive temporalmente, sua cobrança: desaparecidas ou superadas as causas e fundamentos invocados, desaparecida *ipso facto* também estará a possibilidade de seu lançamento e arrecadação.[235]

No entanto, julgado recente envolvendo contribuições no interesse de categorias profissionais,[236] o STF relativizou o princípio da legalidade mediante referência à circunstância de a contribuição guardar relação com atividades exercidas em favor do grupo a que se refere a exação. Conforme a ementa do julgado,

> a ideia de legalidade, no tocante às contribuições instituídas no interesse de categorias profissionais ou econômicas, é de fim ou de resultado, notadamente em razão de a Constituição não ter traçado as linhas de seus pressupostos de fato ou o fato gerador.

Por conta disso, o julgado de relatoria do Min. Dias Toffoli fala em "legalidade suficiente" e na necessidade de "diálogo" entre lei e regulamento, em termos de "subordinação, desenvolvimento e complemantariedade". Entretanto, o STF declarou inconstitucional o art. 2º da Lei 11.000/2004, que conferia aos conselhos profissionais a competência ampla para fixar as contribuições no interesse de categorias profissionais. Conforme a Corte, "para o respeito do princípio da legalidade, seria essencial que a lei (em sentido estrito) prescrevesse o limite máximo do valor da exação, ou os critérios para encontrá-lo, o que não ocorreu".

É dizer, no entendimento externado por esse julgado, bastaria que a lei instituidora da contribuição previsse limite máximo para o tributo, sendo válida a delegação do regulamento no

---

235. *Curso de direito constitucional tributário*, p. 543.

236. Recurso Extraordinário 704.292/PR, Tribunal Pleno, Rel. Min. Dias Toffoli, publicado no *DJ* de 19.10.2016.

tocante à fixação da alíquota efetiva, respeitado o "teto". Tanto é assim que, no RE 838.284/SC (*DJ* 22.09.2017), com justificativa muito similar, o STF julgou constitucional a lei que previa apenas um limite máximo para a Taxa de "anotação de responsabilidade técnica" (ART), delegando ao Conselho Regional de Engenharia e Arquitetura (CREA) a fixação da alíquota.

Segundo nos parece, contudo, a referibilidade das contribuições não autoriza a conclusão de que a legalidade deveria ser relativizada em relação a essa espécie tributária. Com efeito, além de instituir a legalidade tributária (CF/88, art. 150, I), o constituinte estabeleceu, de modo exaustivo, as hipóteses em que a lei poderá estabelecer apenas alíquotas máximas dos tributos, relegando ao regulamento a sua fixação efetiva (art. 153, § 1º). Conforme Paulo Arthur Koury, "para que um ato regulamentar possa fixar alíquotas de um tributo, agravando posição do destinatário da norma (contribuinte), será necessário expresso permissivo constitucional que excepcione o art. 150, I, da CF/88".[237]

Especificamente no tocante às contribuições, ao estabelecer a possibilidade de instituição de Contribuição de Intervenção sobre o Domínio Econômico em relação a combustíveis, a Emenda Constitucional 33, de 2001, expressamente previu a possibilidade de o Poder Executivo reduzir e reestabelecer a alíquota do tributo (CF/88, art. 177, § 4º, I, "b"). É dizer, havendo configurado as contribuições como tributos destinados e com referibilidade, a Constituição não as incluiu dentre as exações cujas alíquotas podem ser alteradas por regulamento, dentro dos limites legais. Tanto é assim que foi necessário que a Emenda Constitucional 33/2001 especificamente previsse essa possibilidade em relação à CIDE-combustíveis. Logo, não se justifica, em face da Constituição Federal, a mitigação do princípio da legalidade levada a efeito pelo STF nesses casos.

---

237. KOURY, Paulo Arthur Cavalcante. *Competência regulamentar em matéria tributária*. Funções e limites dos decretos, instruções normativas e outros atos regulamentares. Belo Horizonte: Fórum, 2019, p. 217.

CONTRIBUIÇÕES
REGIME JURÍDICO, DESTINAÇÃO E CONTROLE

Em síntese, para a integral observância ao princípio da estrita legalidade em relação às contribuições, notadamente as interventivas e as contribuições sociais específicas, não basta sejam previstos em lei apenas os critérios que compõem uma regra-matriz de incidência típica de um imposto ou de uma taxa. É necessário que, a partir das prescrições constantes no veículo introdutor de normas, seja possível identificar os motivos que ensejaram a sua criação ou o seu aumento, bem como a compatibilidade entre tais motivos e as disposições veiculadas.

4.2 Princípio da irretroatividade

As contribuições não podem ser cobradas em relação a fatos jurídicos que tenham ocorrido anteriormente à vigência da lei que as houver instituído ou aumentado. Em outras palavras, não se admite a retroatividade de lei tributária que dê ensejo a: (i) aumento de contribuição já existente; e (ii) criação de nova contribuição.

Trata-se de prescrição aplicável a todas as espécies tributárias. É um limite objetivo, veiculado constitucionalmente. O espectro de sua aplicação é precisamente demarcado. Basta examinar o momento da ocorrência do fato jurídico tributário para, em face da lei aplicada, concluir pela observância, ou não, do princípio da irretroatividade. Não cabem valorações, apreciações subjetivas.

4.3 Princípio da anterioridade

O princípio da anterioridade encerra dicção que se destina a evitar que o contribuinte possa vir a ser surpreendido, de forma abrupta, com um novo tributo ou com o aumento de tributo existente. Assim, a produção de efeitos da lei que houver aumentado ou instituído tributo ficará postergada para o exercício financeiro subsequente àquele em que tal lei haja sido publicada (art. 150, III, "b"). Ademais disso, é necessário respeitar um lapso temporal de 90 dias, contados da data de publicação

125

da lei que aumentou ou instituiu o tributo (art. 150, III, "c"). As exceções à sua aplicação, previstas na Constituição Federal em vigor, são abundantes.[238] Alcançam diversos impostos, inclusive os extraordinários, e os empréstimos compulsórios instituídos para atender às despesas extraordinárias, decorrentes de calamidade pública, guerra ou sua iminência.

Há dois regramentos distintos em relação às contribuições. As contribuições destinadas à seguridade social estão submetidas à anterioridade nonagesimal,[239] prevista no § 6º

---

238. As exceções estão elencadas no § 1º do art. 150, que tem a seguinte redação: "Art. 150 (...) § 1º – A vedação do inciso III, b, não se aplica aos tributos previstos nos arts. 148, I, 153, I, II, IV e V; e 154, II: e a vedação do inciso III, c, não se aplica aos tributos previstos nos arts. 148, I, 153, I, II, III, e V; e 154, II, nem à fixação da base de cálculo dos impostos previstos nos arts. 155, III, e 156, I. (Redação dada pela EC 42/2003)"

239. Registre-se que a anterioridade nonagesimal, também chamada de mitigada, é, por vezes, mais eficaz em relação à regra geral (produção de efeitos no exercício subsequente), se tomarmos em consideração os propósitos que motivaram essa dicção constitucional. Ocorre que, como as alterações legislativas que resultam em criação de tributos ou aumento dos já existentes são, em geral, aprovadas e publicadas no último mês do ano civil – não raramente no dia 31 de dezembro – os objetivos de não surpreender o contribuinte, de permitir uma certa previsibilidade em relação ao futuro, restam inalcançáveis. Não se realiza o primado da segurança jurídica. Eduardo Domingos Bottallo, anteriormente à promulgação da Emenda Constitucional n. 42, de 19 de dezembro de 2003, manifestou seu inconformismo com tal situação e propôs interpretação que merece destaque: "As ideias que expusemos a respeito da inteligência e do alcance do preceito esculpido no art. 150, III, b, da Constituição, podem ser assim sintetizadas: a) o princípio da anterioridade tem por objetivo assegurar que o contribuinte não seja surpreendido abruptamente com a cobrança de tributo criado ou aumentado; b) trata-se, portanto, de preceito que resguarda o elevado postulado da segurança jurídica, mediante a postergação, até o início do exercício financeiro subsequente, da eficácia da lei nova, instituidora ou majoradora do tributo; c) a Constituição Federal não indica, expressamente, qual o prazo a ser observado para que o princípio de anterioridade possa servir, com adequação, aos propósitos a que se destina; d) todavia, ao dispor sobre a aplicação atenuada ou mitigada, da garantia, nos casos das contribuições para custeio da Seguridade Social, a Lei maior fixou antecedência de noventa dias, estabelecendo assim, um parâmetro que deve ser considerado como o prazo mínimo que o contribuinte tem o direito de ver obedecido antes de sujeitar-se aos comandos da lei tributária mais onerosa; e) a denominada "anterioridade nonagesimal" aplicável às contribuições retro referidas (art. 195, § 6º c/c art. 149, parte final, da CF) é, por consenso unânime da doutrina, considerada exceção (ainda que parcial) ao princípio da anterioridade; f) assim, se, por exceção constitucional, a lei nova, instituidora ou majoradora de uma determinada espécie tributária, somente passa a produzir efeitos noventa dias após a sua publicação, é perfeitamente consequente inferir-se que,

CONTRIBUIÇÕES
REGIME JURÍDICO, DESTINAÇÃO E CONTROLE

do art. 195 da Constituição Federal. As demais contribuições sujeitam-se à observância do disposto no art. 150, III, do Texto Constitucional, o qual, na redação atual (com a alteração levada a efeito por força da Emenda Constitucional 42/2003) contempla a necessidade da observância da anterioridade nonagesimal (150, III, "c") e da anterioridade em relação ao exercício financeiro (150, III, "b").

A respeito, é interessante destacar que, no RE 587.008,[240] submetido à sistemática da repercussão geral, o STF declarou estar submetida à anterioridade a alteração promovida no art. 72, III, do Ato das Disposições Constitucionais Transitórias por meio da Emenda Constitucional 10/1996. Essa norma determinou a que a alíquota da CSLL das instituições financeiras, no período compreendido entre 1994 e junho de 1997, seria aumentada para 30%. Em seu voto condutor, o Min. Dias Tóffoli sustentou que a anterioridade nonagesimal insculpida no art. 195, § 6º da CF/88 configura "garantia individual e, como tal, cláusula pétrea, não passível de supressão por emenda constitucional". Com isso, o Tribunal reconheceu que nem mesmo Emenda Constitucional pode subverter a garantia de anterioridade.

De modo similar, no RE 848.353/SP,[241] o STF decidiu que a cobrança da contribuição ao PIS na forma do art. 2º da Emenda Constitucional 17/97, deveria obedecer à anterioridade nonagesimal. Isso porque a Emenda Constitucional em questão, na esteira do que haviam feito a Emenda de Revisão n. 01/94, e a Emenda Constitucional 10/96, aumentou a alíquota da Contribuição ao PIS para 0,75%, quando a Lei Complementar

---

como regra, aplicável aos demais tributos sujeitos ao princípio, este lapso temporal haverá de ser maior (ainda que por um dia) em relação ao início do exercício financeiro subsequente." Fundamentos do IPI (Imposto sobre Produtos Industrializados), p. 99. As lições do eminente professor paulista foram refletidas, ainda que parcialmente, por força das exceções à regra geral, nos enunciados prescritivos veiculados pela Emenda Constitucional 42/2003.

240. Recurso Extraordinário 587.008, Tribunal Pleno, Rel. Min. Dias Toffoli, publicado no *DJ* de 06.05.2011.

241. Recurso Extraordinário 848.353, Tribunal Pleno, Rel. Min. Teori Zavascki, publicado no *DJ* de 23.05.2016.

PAULO AYRES BARRETO

7/70 previa alíquota de 0,5% (art. 3º, "b", item 4). Nesse passo, o Min. Teori Zavascki, em seu voto condutor, aduziu que "por decorrer de nova norma, e não de mera prorrogação da anterior, a exação só poderia passar a ser exigida após decorridos noventa dias da data da publicação da EC 17/97". É dizer, o tribunal aplicou, corretamente, o princípio da anterioridade à instituição de contribuição impropriamente realizada por meio de Emenda Constitucional.

4.4 Princípio da solidariedade

O preâmbulo da Constituição Federal milita em favor do Estado Democrático de Direito, que se destina a assegurar o exercício dos direitos sociais e individuais, a liberdade, a segurança, o bem-estar, o desenvolvimento, a igualdade e a justiça como valores supremos de uma sociedade fraterna. O art. 195 da Constituição Federal, por sua vez, preceitua que a seguridade social será financiada por toda a sociedade, de forma direta e indireta, nos termos da lei, mediante recursos orçamentários dos entes tributantes e das contribuições que elenca. Dessas diretrizes constitucionais deflui o princípio da solidariedade. Marco Aurélio Greco chega a afirmar que a solidariedade é vetor axiológico da contribuição, construindo, a partir dessa premissa, todo a sua formulação teórica sobre o tema.[242]

Já tivemos a oportunidade de destacar que a invocação de princípios que encerram valores, como o da solidariedade, confere um alto grau de subjetividade à exegese constitucional. Sob o manto da solidariedade é possível agasalhar desde as mais justas e consistentes propostas de interpretação constitucional até as mais arbitrárias e desarrazoadas justificativas para validar imposições tributárias. Toda exigência tributária no campo das contribuições estaria automaticamente autorizada pela prevalência do princípio da

---

242. *Contribuição* (Uma Figura "Sui Generis"), p. 83.

128

CONTRIBUIÇÕES
REGIME JURÍDICO, DESTINAÇÃO E CONTROLE

solidariedade, a depender do alcance que se desse a essa diretriz constitucional.

Se a nossa Carta Constitucional fosse meramente principiológica, a ponderação, sempre a cargo dos nossos tribunais, não seria pautada por limites estreitos. Ocorre que não foi esse o caminho trilhado pelo legislador constituinte. Buscando maior possibilidade de controle do sistema normativo e, consequentemente, das diretrizes por ele consagradas, o próprio legislador tomou decisões e demarcou a abrangência de uma série de valores positivados. Partiu-se do pressuposto de que o exercício desse controle requer clareza e precisão normativas. Reiteramos que, ao contrapor às diretrizes principiológicas regras de menor abrangência, o legislador constituinte, a um só tempo, revela como pretende dar efetividade ao princípio e permite um melhor controle de sua aplicação.

O próprio Marco Aurélio Greco reconhece que

> o grande desafio para todos aqueles que lidam com o Direito Tributário é encontrar o ponto de equilíbrio entre os valores constitucionalmente consagrados. Não podemos ler a Constituição pela metade, ou seja, só pensando em solidariedade social, pois estaríamos cometendo a mesma distorção cometida por aqueles que leem a Constituição só pensando na liberdade individual; temos de ler o conjunto, porque é pela conjugação dos valores protetivos da liberdade e modificadores da solidariedade que iremos construir uma tributação efetivamente justa.[243]

O vetor solidariedade que, ressalte-se, só vem referido para as contribuições destinadas à seguridade social, tem sua abrangência reduzida por uma série de prescrições constitucionais que enfeixam as condições para se instituir e exigir contribuições. Se se pretende exigir verdadeira contribuição, é forçoso verificar se aqueles traços mínimos reconhecidos para essa espécie tributária[244] estão presentes; se o grupo está identificado; se a fonte de custeio total é compatível com o be-

---

243. "Solidariedade Social e Tributação", in *Solidariedade social e tributação*, p. 189.

244. Ver Capítulo III.

PAULO AYRES BARRETO

nefício ou serviço (art. 195, § 5º da Constituição Federal); se o critério de rateio desse custo é adequado, e assim por diante.

A consideração, sem peias nem amarras, do princípio da solidariedade autorizaria praticamente qualquer exigência tributária, em descompasso com a efetiva diretriz constitucional.

Como alerta Ricardo Lobo Torres, o

> princípio estrutural da solidariedade, substituindo a solidariedade do grupo, desloca o fundamento das contribuições sociais do princípio do custo/benefício, que lhe é adequado, para o da capacidade contributiva, típico dos impostos, justificando as distorções sistêmicas e transformando as contribuições exóticas e a contribuição previdenciária dos inativos do serviço público em autênticos impostos com destinação especial.[245]

Não é por outra razão que o princípio da solidariedade surge como a razão de decidir exatamente nos casos em que os demais argumentos são inconsistentes. Evidentemente, considerado o princípio de forma isolada, toda exigência se justifica.

É o que sucedeu no julgamento do Supremo Tribunal Federal envolvendo a contribuição previdenciária dos inativos. No voto-vista exarado na Ação Direta de Inconstitucionalidade 3.105-8 do Distrito Federal, o Ministro Cezar Peluso invoca o aludido princípio, asseverando que

> o regime previdenciário público tem por escopo garantir condições de subsistência, independência e dignidade pessoais ao servidor idoso, mediante o pagamento de proventos da aposentadoria durante a velhice, e, conforme o art. 195 da Constituição da República, deve ser custeado por toda a sociedade, de forma direta e indireta, o que bem poderia chamar-se princípio estrutural da solidariedade.[246]

---

245. "Existe um Princípio Estrutural da Solidariedade?", in *Solidariedade social e tributação*, pp. 203-204.

246. A ementa do acórdão é a seguinte: "1. Inconstitucionalidade. Seguridade social. Servidor público. Vencimentos. Proventos de aposentadoria e pensões. Sujeição à incidência de contribuição previdenciária. Ofensa a direito adquirido no ato de aposentadoria. Não ocorrência. Contribuição social. Exigência patrimonial de natureza

CONTRIBUIÇÕES
REGIME JURÍDICO, DESTINAÇÃO E CONTROLE

Percebe-se, na fundamentação do voto, que reside na alusão à solidariedade, toda a base para legitimar a exigência. É o imperativo da solidariedade social que colabora, decisivamente, para a validação da cobrança.

---

tributária. Inexistência de norma de imunidade tributária absoluta. Emenda Constitucional n. 41/2003 (art. 4º, *caput*). Regra não retroativa. Incidência sobre fatos geradores ocorridos depois do início de sua vigência. Precedentes da Corte. Inteligência dos arts. 5º, XXXVI, 146, III, 149, 150, I e III, 194, 195, *caput*, II e § 6º, da CF, e art. 4º, *caput*, da EC n. 41/2003. No ordenamento jurídico vigente, não há norma, expressa nem sistemática, que atribua à condição jurídico-subjetiva da aposentadoria de servidor público o efeito de lhe gerar direito subjetivo como poder de subtrair *ad eternum* a percepção dos respectivos proventos e pensões à incidência de lei tributária que, anterior ou ulterior, os submeta à incidência de contribuição previdenciária. Noutras palavras, não há, em nosso ordenamento, nenhuma norma jurídica válida que, como efeito específico do fato jurídico da aposentadoria, lhe imunize os proventos e as pensões, de modo absoluto, à tributação de ordem constitucional, qualquer que seja a modalidade do tributo eleito, donde não haver, a respeito, direito adquirido com o aposentamento. 2. Inconstitucionalidade. Ação direta. Seguridade social. Servidor público. Vencimentos. Proventos de aposentadoria e pensões. Sujeição à incidência de contribuição previdenciária, por força de Emenda Constitucional. Ofensa a outros direitos e garantias individuais. Não ocorrência. Contribuição social. Exigência patrimonial de natureza tributária. Inexistência de norma de imunidade tributária absoluta. Regra não retroativa. Instrumento de atuação do Estado na área da previdência social. Obediência aos princípios da solidariedade e do equilíbrio financeiro e atuarial, bem como aos objetivos constitucionais de universalidade, equidade na forma de participação no custeio e diversidade da base de financiamento. Ação julgada improcedente em relação ao art. 4º, *caput*, da EC n. 41/2003. Votos vencidos. Aplicação dos arts. 149, *caput*, 150, I e III, 194, 195, caput, II e § 6º, e 201, caput, da CF. Não é inconstitucional o art. 4º, *caput*, da Emenda Constitucional n. 41, de 19 de dezembro de 2003, que instituiu contribuição previdenciária sobre os proventos de aposentadoria e as pensões dos servidores públicos da União, dos Estados, do Distrito Federal e dos Municípios, incluídas suas autarquias e fundações. 3. Inconstitucionalidade. Ação direta. Emenda Constitucional (EC n. 41/2003, art. 4º, § único, I e II). Servidor público. Vencimentos. Proventos de aposentadoria e pensões. Sujeição à incidência de contribuição previdenciária. Bases de cálculo diferenciadas. Arbitrariedade. Tratamento discriminatório entre servidores e pensionistas da União, de um lado, e servidores e pensionistas dos Estados, do Distrito Federal e dos Municípios, de outro. Ofensa ao princípio constitucional da isonomia tributária, que é particularização do princípio fundamental da igualdade. Ação julgada procedente para declarar inconstitucionais as expressões 'cinquenta por cento do' e sessenta por cento do', constante do art. 4º, § único, I e II, da EC n. 41/2003. Aplicação dos arts. 145, § 1º, e 150, II, cc. art. 5º, caput e § 1º, e 60, § 4º, IV, da CF, com restabelecimento do caráter geral da regra do art. 40, § 18. São inconstitucionais as expressões 'cinquenta por cento do' e 'sessenta por cento do', constantes do § único, incisos I e II, do art. 4º da Emenda Constitucional n. 41, de 19 de dezembro de 2003, e tal pronúncia restabelece o caráter geral da regra do art. 40, § 18, da Constituição da República, com a redação dada por essa mesma Emenda." Ação Direta de Inconstitucionalidade n. 3.105-8/DF, Tribunal Pleno, Rel. Min. Ellen Gracie, publicado no *DJ* de 18.02.2005.

Sem entrar no mérito específico dessa contribuição, insistimos: o valor solidariedade não pode ser considerado isoladamente de outras disposições constitucionais que delimitam o seu alcance. Os traços característicos de uma contribuição e os demais parâmetros constitucionais estabelecidos (notadamente os que encerram limites objetivos) devem ser, necessariamente, considerados e sopesados para se atestar a conformidade do tributo com o direito posto.

Examinamos o conteúdo dos princípios que informam todas as espécies de contribuição, *ex vi* do disposto no art. 149 da Constituição Federal, bem assim o conteúdo de significação do princípio da solidariedade em relação às contribuições sociais. Há outros princípios cuja aplicação às contribuições é objeto de acirrada disputa doutrinária, como ocorre, por exemplo, com os princípios da capacidade contributiva e do não confisco, sobre o que discorreremos no próximo capítulo.

4.5 Lei complementar e contribuições

Por força do disposto no art. 149 da Constituição Federal, a União, ao instituir contribuição, deve observar o disposto no art. 146, III, do mesmo diploma normativo que, por sua vez, prescreve ser função da lei complementar estabelecer normas gerais em matéria de legislação tributária e, nos termos de sua alínea "a", especialmente sobre definição de tributos e suas espécies, bem como, em relação aos impostos discriminados na Constituição, seus fatos geradores, bases de cálculo e contribuintes.

Desse encadeamento normativo exsurge, como grande polêmica, a necessidade ou não de lei complementar para definição de fatos geradores, bases de cálculo e contribuintes das contribuições. Noutro dizer, se a existência de lei Complementar que cuide desses aspectos constitui verdadeiro requisito para o exercício da competência impositiva.[247]

---

247. Sobre o tema, ver José Souto Maior Borges, *Lei Complementar Tributária*.

CONTRIBUIÇÕES
REGIME JURÍDICO, DESTINAÇÃO E CONTROLE

A definição de quais são as funções da lei complementar é tema que, por si só, rende espaço a acirradas disputas doutrinárias. As posições serão distintas consoante se adote a visão dicotômica ou tricotômica, em relação a tais funções. Quando se associa a essa discussão a definição das espécies tributárias e seus correspectivos regimes jurídicos, a controvérsia tende a crescer.

Para a parcela da doutrina que reconhece ter a lei complementar função tríplice, e que as contribuições são impostos com destinação específica, ou impostos finalísticos, ou ainda tributos cujo fato gerador será sempre de um imposto ou de uma taxa, tem-se, como corolário, o entendimento de que há necessidade de lei complementar para a definição dos fatos geradores, bases de cálculo e contribuintes das contribuições.

Já para aqueles que admitem uma dúplice função da lei complementar, bem como para os que identificam nas contribuições espécie autônoma de tributo, tal necessidade não se apresenta.

Nesse sentido, Sacha Calmon Navarro Coêlho adverte que

> a regra do art. 146, III, "a" da CF, endereçada está a impostos e, o que é mais, impostos discriminados na mesma. Consequentemente, os que entendem possuir as contribuições sociais natureza específica diversa da dos impostos, seja por critério de validação finalística, seja por outros critérios, estão *ipso facto* impedidos de pleitear lei complementar regrando o fato gerador, a base de cálculo e os contribuintes dessa exação.[248]

Buscando manter coerência com as posturas teóricas até aqui estabelecidas, somos forçados a reconhecer, de um lado, que a lei complementar tem tríplice função e, de outro, que, como as contribuições são espécie tributária autônoma, não se submetem às exigências aplicáveis aos impostos.

A corrente dicotômica usa como argumento para fundamentar seu posicionamento teórico a preeminência dos

---

248. *Comentários à Constituição de 1988* – Sistema Tributário, p. 93.

princípios federativo e da autonomia municipal. Vale dizer, norma geral de direito tributário que viesse a definir o fato gerador de tributos municipais, *verbi gratia*, estaria afrontando o princípio da autonomia municipal. O Município seria autônomo para, haurindo sua competência impositiva diretamente da Constituição, descrever, sem quaisquer limitações, os fatos geradores de tributos a ele cometidos. Ocorre que, como vimos,[249] os potenciais conflitos existentes entre regras e princípios constitucionais devem ser resolvidos em favor das primeiras. Há que se empreender esforço exegético que reconheça a prevalência da regra, sem, evidentemente, eliminar o conteúdo da dicção principiológica. Em síntese, normas gerais de direito tributário poderão dispor sobre fatos geradores, bases de cálculo e contribuintes de impostos, tendo por inspiração a autonomia do Município e o princípio federativo.

De outra parte, se estamos aqui propugnando pela prevalência da regra em relação à definição de fatos geradores, bases de cálculo e contribuintes, é força convir que a aplicação é exclusivamente a impostos. Como estes não se confundem com as contribuições, não há, em relação a elas, cogitar-se do alcance do disposto na parte final da alínea "a" do art. 146, da Constituição Federal.

---

249. Ver Capítulo I, itens 1.5 a 1.8.

Capítulo V
CONTRIBUIÇÕES, CAPACIDADE CONTRIBUTIVA, EQUIDADE E NÃO CONFISCO

As diferentes posturas teóricas assumidas em face do tema das contribuições propagam seus correspectivos efeitos em todo delineamento do específico regime jurídico aplicável. Assim, para aqueles que propugnam serem as contribuições verdadeiros impostos, com destinação específica, o respeito aos princípios da capacidade contributiva e do não confisco põe-se como mera decorrência dessa premissa.

Há uma posição intermediária consistente no reconhecimento de que as contribuições são espécie tributária autônoma, que pode ter como critério material da regra-matriz de incidência a descrição de um fato que não corresponda a qualquer atividade estatal relativa ao contribuinte e, portanto, típico de imposto. Sempre que figurar, no antecedente da regra-matriz de incidência, fato dessa natureza, exigir-se-á a observância aos aludidos princípios.

Uma terceira corrente, que atribui caráter de espécie tributária autônoma às contribuições, procura demonstrar as razões pelas quais elas não se submeteriam aos princípios da capacidade contributiva e do não confisco. Para os seus defensores, a dicção do art. 149 da Constituição Federal, ao sujeitar as contribuições exclusivamente aos princípios da legalidade, irretroatividade e anterioridade, é de hialina clareza. Passaremos a discorrer sobre a nossa posição.

5.1 Princípio da capacidade contributiva

O art. 145 da Constituição Federal prescreve que, sempre que possível, os impostos terão caráter pessoal e serão graduados de acordo com a capacidade econômica do contribuinte. Tal diretriz, como vimos, não seria obrigatoriamente aplicável às contribuições, ao menos no entender de parcela da doutrina.

Após definir capacidade contributiva "como a aptidão, da pessoa colocada na posição de destinatário legal tributário, para suportar a carga tributária, sem o perecimento da riqueza lastreadora da tributação"[250], Regina Helena Costa defende a aplicação do princípio às contribuições sociais e aos empréstimos compulsórios que tenham materialidade de impostos. A mesma posição é adotada por José Eduardo Soares de Melo.[251]

Marco Aurélio Greco assevera que

> nas contribuições o fundamento da exigência não está na manifestação da capacidade contributiva, mas no princípio solidarístico que emana da participação a um determinado grupo social, econômico ou profissional ao qual está relacionada a finalidade constitucionalmente qualificada.[252]

Apesar disso, admite a aplicação do princípio em algumas hipóteses como, por exemplo, nos casos em que "a própria Constituição, para fins de atribuição de norma de competência legislativa, contiver a previsão de um fato denotador de capacidade contributiva."[253] Igualmente, se o fato descrito

---

250. *O princípio da capacidade contributiva*, p. 101.

251. *Contribuições Sociais no Sistema Tributário*, p. 321.

252. *Contribuições* (Uma Figura "Sui Generis"), p. 195.

253. Idem, p. 196.

CONTRIBUIÇÕES
REGIME JURÍDICO, DESTINAÇÃO E CONTROLE

pela lei instituidora de contribuição tiver essa mesma característica, aplicar-se-á o princípio da capacidade contributiva.

Em contranota, temos Ricardo Lobo Torres, para quem

> os princípios decorrentes da ideia de justiça não se aplicam às contribuições econômicas: nem a capacidade contributiva, nem o *custo/benefício* característicos dos tributos contraprestacionais fundamentam sua cobrança. As contribuições econômicas se subordinam ao princípio do benefício do grupo (gruppenmässige Äquivalenz). A igualdade, como princípio constitucional, só prevalece com relação aos grupos beneficiados.[254]

Geraldo Ataliba, por sua vez, predica que, "se o imposto é informado pelo princípio da capacidade contributiva e a taxa informada pelo princípio da remuneração, as contribuições serão informadas por critério diverso."[255]

As referências doutrinárias evidenciam a complexidade do tema. De nossa parte, entendemos que as contribuições não se submetem necessariamente ao princípio da capacidade contributiva. Com efeito, nas contribuições busca-se sempre a eleição de um critério que permita partilhar, dividir os fundos necessários ao custeio de determinada atuação estatal, ainda que delegada, dentro do grupo ao qual está voltada essa específica atuação. Destarte, não haveria sentido em se exigir o atendimento ao princípio da capacidade contributiva, se o objetivo primeiro é a partição de encargos comuns.

Deve-se buscar o critério adequado para o rateio de tais encargos, critério que pode variar, entre outros aspectos, conforme a espécie de contribuição instituída, a específica situação de cada contribuinte dentro do grupo, a correlação entre a atividade estatal desenvolvida, de uma perspectiva genérica, e os membros do grupo isoladamente considerados. Assim é que, nas hipóteses em que a materialidade da contribuição seja típica de imposto, a divisão do encargo ou despesa dentro do

---

254. *Curso de direito financeiro e tributário*, p. 420.

255. *Hipótese de incidência tributária*, p. 195.

grupo pode ser feita a partir de escolha de base de cálculo que, a um só tempo, atenda ao princípio da capacidade contributiva e reflita a forma mais adequada de partilhar a despesa.

Ocorre que podemos enfrentar situação em que o critério eleito não resulte, necessariamente, no atendimento do primado da capacidade contributiva. Neste caso, ter-se-á que examinar a coerência do critério eleito para o rateio de despesas, dentro do grupo de contribuintes, em relação à própria geração de tais despesas. Tal coerência haverá de ser examinada à luz dos princípios da proporcionalidade e da razoabilidade. Se pertinente o critério, incensurável a exigência, ainda que não tenha levado em conta especificamente a capacidade contributiva de cada membro do grupo. A posição ora proposta permite a compatibilização dos aspectos característicos dessa espécie tributária com o específico regramento constitucional a ela inerente, sem nenhum casuísmo, corroborando, a nosso sentir, o reconhecimento de que as contribuições têm traços peculiares que lhes asseguram incontestável autonomia, como espécie tributária.

5.2 Princípio da Equidade

Estabelece a Constituição Federal vigente que compete ao Poder Público organizar a seguridade social, tendo em consideração a equidade na forma de participação no custeio (art. 194, V). Dessa forma, a equidade é mais um princípio norteador do exercício da competência impositiva na instituição de contribuições.

"Equidade" é vocábulo que deriva do latim *aequitas, aequus* (igual, equitativo).[256]

Mediante a aplicação do princípio da equidade, deve o legislador buscar a identificação do justo critério para repartir o custo da atividade estatal entre os componentes do grupo submetido à incidência tributária. Objetiva-se o alcance de um equilíbrio

---

256. De Plácido e Silva, *Vocabulário Jurídico*, vol. 2, p. 609.

CONTRIBUIÇÕES
REGIME JURÍDICO, DESTINAÇÃO E CONTROLE

entre a geração do custo e os meios para satisfazê-los. Conquanto possa guardar correlação com o princípio da capacidade contributiva, não se trata de dicção com idêntico conteúdo.[257]

A equidade na forma de participação no custeio, estabelecida expressamente para as contribuições destinadas à seguridade social, é diretriz a ser observada nas demais espécies de contribuição. Trata-se de decorrência natural da eleição de um adequado critério para a repartição do custeio da atividade.

O Supremo Tribunal Federal examinou a questão ao decidir que o adicional de 2,5% da contribuição previdenciária patronal para as instituições financeiras, previsto na redação original do § 1º do art. 22 da Lei 8.212/91, não fere a igualdade tributária.[258] Para o tribunal, o "art. 22, § 1º, da Lei 8.212 apenas antecipa a densificação constitucional do princípio da igualdade que, no Direito Tributário, é consubstanciado nos subprincípios da capacidade contributiva e da equidade no custeio da seguridade social". Nesse passo, o voto do Relator, Min. Edson Fachin, após afirmar que a diferenciação da contribuição social conforme a atividade econômica seria possível e "consentânea com o princípio da igualdade", decide que não competiria ao Poder Judiciário "substituir-se ao legislador na escolha das atividades que terão alíquotas diferenciadas relativamente à contribuição indicada no art. 195, I, da CRFB".

Segundo nos parece, o julgado em questão merece reparos. Com efeito, muito embora não possa o Poder Judiciário fixar alíquotas de tributos, ele deve verificar se o critério de diferenciação apresenta correlação com a finalidade da contribuição que, conforme exposto, consubstancia a sua causa. Trata-se de exigência da equidade.

---

257. Wagner Balera defende que a equidade "é outra forma de expressão do princípio tributário da capacidade contributiva, ainda que seja mais exigente do que aquele, uma vez que também deve operar como redutor de desigualdades sociais." *Noções preliminares de direito previdenciário*, p. 89.

258. Recurso Extraordinário 598.572/SP, Tribunal Pleno, Rel. Min. Edson Fachin, publicado no *DJ* de 09.08.2016.

Desse modo, o tribunal deveria ter aferido se as instituições financeiras importariam custos progressivamente superiores à Previdência em comparação com as demais empresas, para justificar a alíquota agravada. Sendo isso verdadeiro, poder-se-ia reconhecer a validade da alíquota diferenciada. Contudo, em não havendo relação entre a finalidade de custeio da seguridade social e os custos progressivamente superiores das instituições financeiras, o próprio critério de diferenciação seria inconstitucional. A circunstância de o sistema jurídico admitir, de forma genérica, diferenciações pautadas no ramo de atividades, não significa que não exista a necessidade de aferir-se a satisfação dos critérios de equidade em cada caso, notadamente no que respeita à relação entre a finalidade da contribuição e a diferenciação esposada.

5.3 Princípio do não confisco

As contribuições não se submetem também ao princípio do não confisco, nos termos do que estabelece o art. 149, *caput,* da Constituição Federal. Noutro dizer, o aludido dispositivo constitucional não remete as contribuições ao atendimento ao disposto no art. 150, IV, do Texto Excelso (vedação à utilização de tributo com efeito de confisco).

O princípio do não confisco encerra um valor de difícil aplicação, envolto num alto grau de subjetivismo. Consoante o escólio de Paulo de Barros Carvalho, o

> problema reside na definição do conceito, na delimitação da ideia, como limite a partir do qual incide a vedação do art. 150, IV, da Constituição Federal. Aquilo que para alguns tem efeitos confiscatórios, para outros pode perfeitamente apresentar-se como forma lídima de exigência tributária.[259]

---

259. *Curso de direito tributário*, p. 163.

CONTRIBUIÇÕES
REGIME JURÍDICO, DESTINAÇÃO E CONTROLE

Empenhado em buscar interpretação para essa diretriz constitucional, que viesse a reduzir a zona de incerteza, Aires Barreto preconiza que

> qualquer imposto sobre a propriedade ou sobre a renda, que implique subtração de parcela igual ou maior que aquela que restará em mãos do produtor da renda ou titular da propriedade, será confiscatório.[260]

Diversamente do princípio da capacidade contributiva, que, na redação do § 1º do art. 145 da Constituição, aplicar-se-ia apenas aos impostos, o inciso IV do art. 150 faz menção a tributos, vedando a sua utilização com efeito de confisco.

Aires Barreto, cuidando do tema em relação às taxas, esclarece que

> se a base de cálculo das taxas é o custo da atividade estatal, não há como cogitar-se, senão obliquamente, de confisco, porque para haver confisco seria necessário que tivéssemos uma base de cálculo, concretamente considerada, absolutamente distante do custo da atividade estatal. Só que nesse caso o tributo seria inválido, por desnaturação da base de cálculo.[261]

As contribuições podem ser vistas de duas perspectivas distintas: (i) da regra-matriz de incidência que apresenta materialidade típica de imposto; e (ii) da participação do contribuinte no rateio dos fundos necessários ao custeio de determinada atuação estatal, ainda que delegada, dentro do grupo ao qual está voltada essa específica atuação. Na primeira, aplicar-se-ia o princípio do não confisco; na segunda, o mesmo raciocínio desenvolvido por Aires Barreto para as taxas seria aplicável.

Se tomarmos, a título de exemplo, as contribuições destinadas à seguridade social, cuja competência para instituição está prevista no art. 195 da Constituição Federal, podemos afirmar que uma previsão legislativa de incidência de

---

260. "Vedação ao Efeito de Confisco", *Revista de Direito Tributário* n. 64, p. 103.

261. Idem, p. 104.

contribuição sobre a totalidade da receita auferida seria confiscatória. Entendemos que, nesse caso, como a materialidade é de imposto, ainda que se demonstre que tal exigência corresponde ao custo da atividade que fundamenta a contribuição, aplicar-se-ia o art. 150, IV, da Constituição Federal. A atividade estatal teria que ser custeada por outras contribuições, alcançando diferentes materialidades, sem que, em relação a cada uma delas, ocorresse o confisco.

Capítulo VI

CONTRIBUIÇÕES: LIMITES MATERIAIS E QUANTITATIVOS

6.1 Limites materiais

Tivemos a oportunidade de examinar, no Capítulo IV, os limites formais a serem observados na instituição de contribuições, à luz do direito positivo brasileiro. Além deles, outros de natureza material deverão ser observados.

A atividade impositiva no Brasil foi estruturada, num primeiro momento, tendo por foco principal os impostos e, subsidiariamente, as taxas. As referências legislativas aos impostos e taxas sempre foram mais intensas do que as relativas às contribuições. A arrecadação tributária era, também, proveniente em maior escala dessas espécies tributárias. Por força disso, a doutrina habituou-se a centrar as suas investigações nos aspectos que giravam em torno da criação e cobrança de impostos e taxas (discutia-se até mesmo se as contribuições tinham natureza tributária).

Registre-se que a produção científica em torno de aspectos específicos que dizem com a instituição de contribuições ganhou corpo apenas nos últimos anos, período que coincide com uma intensa atividade legislativa nessa matéria.

PAULO AYRES BARRETO

Em geral, examina-se, em relação aos impostos e às taxas, se a regra-matriz de incidência tributária erigida no plano legislativo se amolda ao perfil constitucional traçado para aquela figura impositiva. Nesse sentido, Marco Aurélio Greco esclarece que "o critério fundamental envolve uma *relação de inclusão*, ou seja, implica aferir se o fato contemplado na norma inferior está incluído no âmbito semântico do conceito utilizado na Constituição."[262]

Não há dúvida de que esse critério também está, de alguma forma, presente nas contribuições. Nas hipóteses em que a materialidade da contribuição está estabelecida no plano constitucional, dá-se o mesmo fenômeno. Naquelas em que não há referência à materialidade na Constituição, impõe-se a análise de eventual supressão de competência alheia, bem como da compatibilidade do fato escolhido para compor o antecedente da norma geral e abstrata tributária e os fins a serem alcançados com a nova incidência. Esse último aspecto já evidencia que, nas contribuições, a aferição da constitucionalidade do tributo instituído requer outros cuidados.

Dissemos que, nas contribuições, a observância do princípio da estrita legalidade[263] está jungida à apreciação não apenas dos critérios que compõem uma regra-matriz de incidência típica de imposto ou de taxa, mas também dos motivos que ensejaram a sua criação ou o seu aumento, bem como a compatibilidade entre tais motivos e as disposições veiculadas.

Imaginemos uma contribuição de intervenção no domínio econômico. Em face de sua instituição, é fundamental perquirir, por exemplo, se há razões que justificam a intervenção, se o mercado está efetivamente desregulado, se a intervenção se dá em benefício do mercado e de seus partícipes. Análise deste jaez não deflui do mero exame da regra-matriz

---

262. *Contribuições* (Uma Figura "Sui Generis"), p. 123.

263. Ver item 4.1 do Capítulo IV.

144

CONTRIBUIÇÕES
REGIME JURÍDICO, DESTINAÇÃO E CONTROLE

de incidência tributária. Esses outros aspectos normativos devem ser sopesados para a legitimação da exação.

Enfrentando esse tema, Marco Aurélio Greco propõe a aplicação do princípio da proporcionalidade, do qual decorreriam "três critérios a serem considerados quando temos uma norma constitucional (ou mesmo legal) que indica um fim a ser atingido. São os critérios da: *necessidade, adequação e proibição de excesso.*"[264] Vale dizer, é preciso avaliar (i) a necessidade efetiva da instituição de contribuição para alcançar o fim almejado; (ii) a adequação da produção normativa em relação a esse fim; e (iii) a inexistência de excesso.

Como bem observa Helenilson Cunha Pontes,

> a crescente necessidade de receita não pode transformar a norma tributária em um "quero porque quero" por parte do Poder Público. Necessário que resgatemos a substância de conceitos dogmáticos como causa e finalidade, levando tal debate à apreciação do Poder Judiciário valorizando a Constituição Federal como um sistema de limites.[265]

Deve-se avaliar se os motivos que ensejaram a instituição de contribuição guardam correlação lógica com os meios utilizados para alcançá-los. Não há como negar um certo nível de subjetivismo na avaliação desses critérios. Mas esse caráter subjetivo, presente, ainda que em níveis distintos, em toda a argumentação jurídica, não autoriza a simples refutação da análise.

Se o que motiva a instituição de uma contribuição é a sua finalidade, é forçoso verificar se sem a sua instituição seria ela atingida; testar a compatibilidade entre os fins colimados e os meios escolhidos para alcançar tais fins e perquirir sobre a eventual excessividade dos meios.

---

264. *Contribuições* (Uma Figura "Sui Generis"), pp. 125 e 126.

265. "Notas sobre o Regime Jurídico-constitucional das Contribuições de Intervenção no Domínio Econômico", in *Grandes questões atuais do direito tributário*, vol. 6, p. 147.

6.2 Limites quantitativos

Há uma série de prescrições constitucionais que estabelecem a necessária aderência entre o custo da atividade a ser desenvolvida pelo Estado (*lato sensu*) – diretamente ou por meio de delegação – e as receitas tributárias advindas da instituição de contribuição.

O art. 40, *caput*, da Constituição Federal alude à necessidade de preservação do equilíbrio financeiro e atuarial do regime de previdência da União, Estados, Distrito Federal e Municípios, dicção reiterada pelo art. 201 do mesmo diploma normativo.

O art. 149, § 1º da Constituição estabelece que a instituição de contribuição previdenciária destina-se ao *custeio* do regime de mesma natureza.

O art. 194, V, da Carta Magna faz menção à equidade na participação do *custeio* da seguridade social. O art. 195, § 5º prescreve que nenhum benefício ou serviço da seguridade social pode ser criado, majorado ou estendido sem a correspondente fonte de *custeio*.

O art. 149-A autoriza a instituição de contribuição de iluminação pública para o *custeio* desse serviço (vide item 3.8 desta obra).

Fica evidente a correlação entre o custo da atividade e a receita a ser obtida, mediante instituição da contribuição. Tal correlação nos permite traçar um paralelo entre as contribuições e as taxas. Nestas, como vimos, a base de cálculo da regra-matriz de incidência é o custo da atuação estatal. A alíquota é o critério legalmente estipulado para repartir esse custo. Nas contribuições, em que o critério material da regra-matriz de incidência é a descrição de um fato que independa de qualquer atividade estatal relativa ao contribuinte, a base de cálculo será uma perspectiva dimensível do fato descrito no seu antecedente.

A atividade estatal que fundamenta a instituição de tal contribuição tem, por sua vez, um custo estimado. A contribuição a ser instituída terá como propósito específico gerar

CONTRIBUIÇÕES
REGIME JURÍDICO, DESTINAÇÃO E CONTROLE

receita tributária compatível com tal custo. Se assim é, temos que concluir pela existência de uma correlação entre o custo da atividade estatal e o critério quantitativo da contribuição erigida. Similarmente ao que sucede nas taxas, nas contribuições, o custo da atividade estatal – base para rateio – será dividido pela conjugação da base de cálculo e alíquota, ou seja, pelo critério quantitativo da regra-matriz de incidência estipulada legislativamente. Em outras palavras, o critério quantitativo de contribuições que tenham materialidade de imposto representa o critério de rateio eleito para divisão do custo da atividade estatal.

Exemplificativamente, temos que o Programa de Integração Social (PIS), previsto no art. 239 da Constituição Federal, será custeado por uma parcela da receita de cada empresa (resultado da conjugação da base de cálculo e alíquota estabelecidas pela regra-matriz de incidência).

A somatória da parcela de receitas destinadas ao custeio da atividade deve ser compatível com o custo. Se inferior, abre-se a possibilidade de alteração da regra-matriz de incidência, por lei, de forma a permitir um acréscimo do montante arrecadado. Se superior, tem-se a possibilidade de questionamento da exigência, uma vez que a contribuição destina-se a arrecadar exclusivamente os recursos necessários ao custeio da atividade que lhe deu causa.

Capítulo VII

ENCADEAMENTO NORMATIVO NAS CONTRIBUIÇÕES

7.1 A norma de competência

Os enunciados prescritivos que conformam a competência tributária para instituir contribuições sociais, de intervenção no domínio econômico e de interesse de categorias profissionais ou econômicas, postos no plano constitucional, apresentam diferentes nuanças em relação aos que definem a competência para criação dos impostos, taxas e contribuição de melhoria.

Nos impostos e taxas, a competência tributária é atribuída a partir de referência às materialidades ou às condições para alcançar outros fatos (competência residual). Os Municípios são, assim, competentes para instituir (i) impostos incidentes sobre (i') a prestação de serviços de qualquer natureza; (i") a propriedade predial e territorial urbana; (i''') a transmissão de bens imóveis por ato oneroso *inter vivos*; (ii) taxas em razão de (ii') exercer o poder de polícia; (ii") prestar serviços públicos específicos e divisíveis; e (iii) contribuição de melhoria em decorrência da realização de obra pública da qual decorra valorização imobiliária. Uma vez exercida a competência impositiva pelo Município, caberá a apreciação da compatibilidade entre a regra-matriz de incidência erigida no plano legal e os limites constitucionalmente estabelecidos para tal exigência.

Nas contribuições, além de apreciação de mesma natureza – cabível nas hipóteses em que há referência à materialidade na Constituição, como, *verbi gratia*, nas contribuições destinadas à seguridade social (art. 195) – impõe-se a análise dos dispositivos que informam a finalidade de sua instituição.

Nos termos do art. 149 da Constituição Federal, a outorga de competência para a instituição de contribuições subordina-se à efetiva atuação da União em determinada finalidade. Os recursos advindos de contribuições devem, obrigatoriamente, ser aplicados na finalidade que motivou a instituição do tributo, sempre como instrumento de atuação da União.

Cuidando das contribuições interventivas, Tácio Lacerda Gama elaborou a seguinte síntese sobre os enunciados prescritivos que delimitam a competência para a criação de contribuições dessa natureza, que, a nosso ver, aplica-se às demais espécies. Diz ele que,

> aplicando tais constatações à construção da norma de competência que regula a criação de contribuições interventivas, seria possível separar os enunciados que delimitam a criação de uma dessas contribuições em dois blocos distintos, mas inter-relacionados: de um lado surgiria o conjunto de enunciados que delimitam a instituição da *regra-matriz de incidência possível*; de outro, agrupar-se-ia o conjunto de enunciados que indicam *finalidade especial que enseja a instituição do tributo*.[266]

Com efeito, o reconhecimento de que contribuição foi instituída em conformidade com a competência constitucionalmente outorgada exige o cotejo com ambos os conjuntos de enunciados. Basta a incompatibilidade com um deles para fulminar a exigência.

---

266. *Contribuição de intervenção no domínio econômico*, p. 84.

CONTRIBUIÇÕES
REGIME JURÍDICO, DESTINAÇÃO E CONTROLE

7.2 As imunidades

A Constituição Federal veicula enunciados prescritivos que (i) se referem à outorga de competência impositiva e (ii) estabelecem a incompetência dos entes tributantes para alcançar, por intermédio de tributos, certas pessoas ou situações nela previstas (imunidades).[267] A precisa demarcação do campo para atuação das pessoas políticas de direito interno surge da confrontação dessas duas espécies de enunciados prescritivos.

Se analisarmos especificamente esses enunciados que estabelecem a incompetência impositiva para alcançar certas situações constitucionalmente previstas, teremos oportunidade de verificar que as contribuições são alcançadas também por regras imunizantes. As previsões constitucionais nesse sentido afastam a possibilidade de se cogitar sejam as imunidades regras que alcancem exclusivamente impostos.

Em trabalho escrito em conjunto com Aires Barreto,[268] identificamos as seguintes imunidades relativas a contribuições:

a) contribuição previdenciária: imunidade desse tributo sobre aposentadoria e pensão concedidas pelo regime geral de previdência social de que trata o art. 201 (art. 195, II, da CF/88);[269]

---

267. Paulo de Barros Carvalho define imunidade como "a classe finita e imediatamente determinável de normas jurídicas, contidas no texto da Constituição Federal, e que estabelecem, de modo expresso, a incompetência das pessoas políticas de direito constitucional interno para expedir regras instituidoras de tributos que alcancem situações específicas e suficientemente determinadas." *Curso de direito tributário*, p. 185.

268. *Imunidades tributárias* – Limitações Constitucionais ao Poder de Tributar, p. 102.

269. Sobre o assunto dissemos: "Existem, entre nós, dois distintos regimes de previdência social: a denominada geral, mas que só se dirige ao setor privado, e uma outra, menos abrangente, que se volta para os servidores públicos. A imunidade de que aqui se cuida remete aos que, integrando o regime geral da previdência social, auferem proventos de aposentadoria ou pensão. Basta que esses rendimentos provenham de aposentadoria ou de pensão, que tenham sido concedidas pelo regime geral de previdência social, para que se forrem à tributação." *Imunidades tributárias* – Limitações Constitucionais ao Poder de Tributar, p. 102.

PAULO AYRES BARRETO

b)   contribuição previdenciária: imunidade desse tributo para os que, após completarem o tempo para aposentadoria, permanecerem em atividade, até completarem as exigências contidas no art. 40, § 1º, III, "a" da CF/88 (art. 8º, § 5º, da Emenda Constitucional n. 20, de 15 de dezembro de 1998);

c)   imunidade de contribuição à seguridade social do carente e do portador de deficiência (art. 203 da Constituição Federal);[270]

d)   contribuições para a seguridade social: imunidade das entidades beneficentes de assistência social que atendam às exigências estabelecidas em lei (art. 195, § 7º, da CF/88).

Neste último caso, conquanto o dispositivo constitucional aluda à isenção, trata-se, inequivocamente, de imunidade, uma vez que caracteriza enunciado prescritivo, de índole constitucional, que estabelece a incompetência do ente tributante para alcançar, por intermédio de tributo (contribuição), certas pessoas.

Por intermédio da Emenda Constitucional 33/2001, novo preceito imunitório, voltado às contribuições sociais e de intervenção no domínio econômico, vem a lume para excluir do alcance dessas contribuições as receitas decorrentes de exportação (art. 149, § 2º, I).

Em súmula, do cotejo das regras que, na Constituição, outorgam competência impositiva para instituir e cobrar contribuições e as que estabelecem a incompetência dos entes

---

270. Anotamos sobre esse preceito imunitório: "Estamos convencidos de que a imunidade versada no caput do art. 203, da Constituição, volta-se, exclusivamente, para os necessitados, carentes ou desvalidos. Seria despropositado supor que se trata de imunidade geral, uma vez que, em tese, todos necessitam da seguridade social. O preceito imunitório visa a garantir a preservação dos direitos dos hipossuficientes à seguridade social. Haveria privilégio odioso, não tolerado pela Magna Carta, se descartados de atendimento estivessem os que, já marginalizados pela sociedade, não podem contribuir para a seguridade social." *Imunidades tributárias* – Limitações Constitucionais ao Poder de Tributar, pp. 102 e 103.

CONTRIBUIÇÕES
REGIME JURÍDICO, DESTINAÇÃO E CONTROLE

tributantes para alcançar, por intermédio dessa mesma espécie tributária, certas pessoas ou situações previstas (imunidades), surge o campo possível para, no plano legal, estruturar-se tais figuras impositivas.

7.3 A regra-matriz de incidência nas contribuições

7.3.1 O antecedente

A regra-matriz de incidência tributária de uma contribuição tem a mesma estrutura lógica da de outros tributos. Associa a um fato de possível ocorrência uma consequência, consistente na relação jurídica que se instala entre sujeito ativo e sujeito passivo, em torno da obrigação de pagar uma determinada importância em dinheiro.

No antecedente, temos a descrição fática e a definição das coordenadas de tempo e espaço para a sua ocorrência. No consequente, a eleição dos sujeitos ativo e passivo, da base de cálculo e da alíquota. Se se contemplar unicamente a regra-matriz de incidência, não será possível, por vezes, afirmar-se a espécie tributária. Exemplificativamente, se compararmos os critérios que compõem a regra-matriz de incidência tributária do imposto sobre a renda das pessoas jurídicas com aqueles que conformam a norma padrão da contribuição social sobre o lucro, não lograremos êxito na identificação de uma e outra espécie tributária.

Como já salientado, nos casos em que a materialidade da contribuição está referida na Constituição Federal, caberá a verificação da observância às balizas constitucionais. Nas demais hipóteses, a apreciação do critério material da regra-matriz de incidência cingir-se-á à possibilidade de ofensa aos princípios federativo e da autonomia dos Municípios, conforme explicitado anteriormente.[271]

---

271. Ver item 3.7.1 do Capítulo III.

153

O critério espacial, que no dizer de Paulo de Barros Carvalho consiste na "circunstância de lugar que condiciona o acontecimento do fato jurídico tributário",[272] e a definição do marco temporal em que se reputa ocorrido o fato jurídico tributário nas contribuições, não apresentam desdobramentos relevantes, em relação ao foco do presente estudo.

Diversamente, os critérios do consequente merecem uma reflexão mais demorada.

7.3.2 O consequente

Cuidemos, primeiramente, do critério pessoal. As contribuições são frequentemente designadas de tributos parafiscais. A parafiscalidade, como já vimos,[273] é fenômeno jurídico por força do qual a lei elege outro sujeito ativo que não o ente político que a produziu, a quem cabe também a disponibilidade do produto da arrecadação. Nos termos do art. 149, *caput*, da Constituição Federal, compete à União instituir contribuições sociais, contribuições de intervenção no domínio econômico e contribuições de interesse de categorias profissionais ou econômicas. Ocorre que a capacidade tributária ativa é passível de delegação. Assim, nas contribuições, pode figurar no polo ativo da relação jurídica tributária pessoa diversa da competente para instituir o tributo.

Sujeição passiva é tema que abre ensanchas a maiores digressões. A escolha de pessoa legitimada a figurar no polo passivo de relação jurídica tributária comporta nuanças distintas, consoante a espécie tributária de que se trate, seja em virtude dos diferentes princípios que a informam, seja em razão de peculiaridades a ela inerentes.

Paulo de Barros Carvalho ensina que "sujeito passivo da relação jurídica tributária é a pessoa – sujeito de direitos – física

---

272. *Teoria da norma tributária*, p. 119.

273. Ver item 3.5 do Capítulo III.

CONTRIBUIÇÕES
REGIME JURÍDICO, DESTINAÇÃO E CONTROLE

ou jurídica, privada ou pública, de quem se exige o cumprimento de prestação: pecuniária nos nexos obrigacionais (...)."[274]

Questão de fulcral relevo diz respeito ao leque de opções do legislador infraconstitucional para eleger o sujeito passivo de relação jurídica tributária.

Renato Lopes Becho defende que a

> identificação do sujeito passivo constitucional é um mero desdobramento das normas constitucionais que veiculam competências tributárias impositivas. A Constituição rígida deve ser fundamentalmente sintética, não podendo (para nós, *não devendo*) 'descer a pormenores, a assuntos tidos como de menor relevo, ou que devem constituir apenas desdobramentos de normas e princípios constitucionais'. Como desdobramento da competência para poder impor os tributos arrolados na Constituição, veiculada por meio da distribuição de materialidades, é que extraímos os sujeitos passivos constitucionais. Por via mais direta, o que estamos propondo é que o constituinte não precisava (e pela técnica constitucional nem deveria) estipular na Constituição quem são os contribuintes dos tributos arrolados, nem mesmo os contribuintes *básicos*, evidentes. Bastou ele (o constituinte) ter declarado a materialidade desses tributos, que um certo *grupo* de 'contribuintes' estará constitucionalmente fixado.[275]

Maria Rita Ferragut faz a seguinte distinção:

> uma perspectiva é a do sujeito realizador do fato previsto no antecedente da regra-matriz de incidência tributária, fato esse que, como regra, encontra-se indicado na Constituição. Outra, é a do sujeito obrigado a cumprir com a prestação objeto da relação jurídica, ou seja, aquela pessoa que integra o polo passivo da obrigação. Essa pessoa é a única obrigada ao pagamento do tributo, e pode ou não coincidir com o sujeito que realizou o fato jurídico revelador de capacidade contributiva: se realizou, será contribuinte; se não responsável.[276]

Vê-se, pois, que um primeiro passo importante é precisar quais os mecanismos adequados para se reconhecer o

---

274. *Curso de direito tributário*, p. 304.

275. *Sujeição passiva e responsabilidade tributária*, p. 89.

276. *Responsabilidade Tributária e o Código Civil de 2002*, p. 254.

PAULO AYRES BARRETO

contribuinte, o responsável e o mero substituto tributário. Paulo de Barros Carvalho predica que as "relações jurídicas integradas por sujeitos passivos alheios ao fato tributado apresentam a natureza de sanção administrativa."[277]

Se a relação jurídica for de cunho eminentemente tributário, o contribuinte é o único sujeito de direito a figurar no polo passivo dessa relação. E o contribuinte haverá de ser colhido: (i) nos impostos, a partir da identificação das pessoas que, em face das possíveis materialidades previstas constitucionalmente, realizam o fato signo presuntivo de riqueza; (ii) nas taxas, entre aqueles a quem são prestados os serviços públicos específicos e divisíveis, ou entre aqueles que estão submetidos ao exercício do poder de polícia; e (iii) nas contribuições, entre aqueles que, de um lado, realizam o fato signo presuntivo de riqueza (sempre que o critério material for típico de imposto) ou que, de outro, recebem a vantagem ou benefício decorrente da atividade estatal que deu causa à contribuição.

Nas hipóteses em que, no polo passivo, constar outro sujeito de direito que não o contribuinte[278], a relação jurídica instalada terá outro cunho que não o tributário.[279] "Será ela uma relação jurídica de cunho sancionatório (responsabilidade), uma sub-rogação subjetiva de direitos e deveres (responsabilidade), ou ainda uma relação jurídica de cunho administrativo no interesse da administração (substituição)."[280]

---

277. *Curso de direito tributário*, p. 324.

278. Como bem salienta Luís Cesar Souza de Queiroz, a substituição tributária "tem por fundamento o interesse da chamada 'administração tributária'" e se justificaria pelos seguintes motivos: "a) pela dificuldade em fiscalizar contribuintes extremamente pulverizados; b) pela necessidade de evitar, mediante a concentração da fiscalização, a evasão fiscal ilícita; e c) como medida indicada para agilizar a arrecadação e, consequentemente, acelerar a disponibilidade dos recursos." Sujeição Passiva Tributária, p. 199.

279. Sobre este tema, ver Paulo de Barros Carvalho, *Curso de direito tributário*, pp. 198 a 216; Marçal Justen Filho, Sujeição Passiva Tributária; e Luís Cesar Souza de Queiroz, Sujeição Passiva Tributária.

280. Paulo Ayres Barreto, *Imposto sobre a renda e preços de transferência*, p. 86.

CONTRIBUIÇÕES
REGIME JURÍDICO, DESTINAÇÃO E CONTROLE

Simone Costa esclarece que

> figuram no polo passivo da relação jurídica tributária os sujeitos que, necessariamente, pratiquem os fatos-signos presuntivos de riqueza. Uma interpretação sistemática dos enunciados que compõem o subsistema constitucional tributário brasileiro leva à conclusão de que só será contribuinte aquele que realizar o fato jurídico tributário, por manifestar, assim, sinal de riqueza. Em outras palavras, será contribuinte aquele que, em face do fato jurídico tributário praticado, apresentar aptidão para suportar, economicamente, o tributo.[281]

A vinculação entre contribuinte e aquele que realiza o fato signo presuntivo de riqueza, descrito no antecedente da regra-matriz de incidência, decorre, nos impostos, da conjugação da regra que atribui a competência impositiva – e que, em geral, refere as possíveis materialidades – com o princípio da capacidade contributiva.

Em relação a este princípio, ensina-nos Elizabeth Nazar Carrazza que

> existem impostos, todavia, que, pela natureza do fato-signo presuntivo de riqueza escolhido pelo constituinte, não podem deixar de lado as condições personalíssimas do contribuinte. São condições individuais inafastáveis, que demonstram, inequivocamente, a existência ou inexistência de capacidade contributiva.[282]

Ocorre que, como vimos, a observância ao princípio da capacidade contributiva, nas contribuições, não é mandatória. Daí a possibilidade de que, nas contribuições, o critério de rateio tenha em conta primordialmente a vantagem ou benefício decorrente da atividade estatal que deu causa à contribuição, e não necessariamente a capacidade contributiva daquele que venha a suportar o ônus fiscal. De toda sorte, a eleição do contribuinte haverá de conciliar, necessariamente, a realização do fato jurídico tributário e a condição de beneficiado

---

281. *ISS – a LC 116/03 e a incidência na importação*, p. 50-51.

282. *IPTU e Progressividade* – Igualdade e Capacidade Contributiva, p. 50.

157

pela atividade estatal. Só aquele a quem se volta a atividade estatal pode ser compelido a contribuir para a formação dos fundos necessários ao seu custeio. Em outras palavras, esse engaste é fundamental para legitimar a eleição de contribuinte da espécie tributária denominada contribuição.

O critério quantitativo nas contribuições apresenta também desdobramentos de significativo relevo. Cuidemos inicialmente da base de cálculo.

Nas contribuições, a base de cálculo indicada legislativamente afirma, confirma ou infirma a materialidade da regra-matriz de incidência. Se analisada isoladamente da natureza específica do tributo, o exame da base de cálculo nas contribuições guarda similitude com o feito diante de um imposto.

Sendo o fato descrito no antecedente de uma contribuição independente de qualquer atividade estatal específica relativa ao contribuinte, a correspectiva base de cálculo deverá mensurar tal fato. Corresponderá a uma perspectiva dimensível desse fato de possível ocorrência. De sua exclusiva análise não resultará qualquer vínculo com a finalidade que deu causa à criação da contribuição, bem como não restará evidenciada qualquer correlação com o custo da atividade estatal desenvolvida.

Esse vínculo – de fundamental importância para essa específica espécie tributária – decorre do engaste normativo entre a regra-matriz de incidência e a norma que atrela a finalidade da contribuição e o destino do produto de sua arrecadação. Se a contribuição tem como fundamento para a sua própria instituição o atendimento de uma finalidade; se o valor arrecadado deve ser precípua e exclusivamente destinado a esse atendimento; se, exemplificamente, a contribuição criada tem como base de cálculo o faturamento da pessoa jurídica; se há uma alíquota definindo o percentual de faturamento que será carreado aos cofres públicos (ou a quem for delegada a capacidade ativa), então é forçoso concluir que o custo estimado da atividade estatal será rateado à razão de uma parcela do faturamento de cada pessoa jurídica. O liame entre custo da atividade

CONTRIBUIÇÕES
REGIME JURÍDICO, DESTINAÇÃO E CONTROLE

estatal e critério quantitativo da regra-matriz de incidência das contribuições propicia importante mecanismo de controle quantitativo, nem sempre devidamente considerado pelos operadores do direito. Voltaremos ao tema ao discorrermos sobre os limites quantitativos a que se submetem as contribuições.

A alíquota, na regra-matriz de incidência das contribuições, será um fator que, aplicado à base de cálculo, resultará no montante devido a esse título.

Gizados os aspectos mais relevantes da regra-matriz de incidência de uma contribuição, examinemos o entrelaçamento com outras estruturas normativas.

7.4 Finalidade e destinação do produto da arrecadação: estrutura normativa

Nas contribuições, "finalidade" e "destinação do produto da arrecadação" são temas imbricados, mas cada qual com suas características próprias. Como vimos, a finalidade que dá causa à instituição de contribuição deve ser contrastada com o espectro de atuação do ente tributante, definido constitucionalmente.

Esclarece, a propósito, Heleno Torres que

> a competência do legislador já se encontra estritamente balizada na Constituição Federal, que determina os motivos, prazo e modos de elaboração do texto legal. Assim no Direito Tributário. Neste campo, cabe ao legislador apreciar se o tributo que deseja criar enquadra-se num ou noutro *motivo* que a Constituição Federal determina como critério prévio de instituição, além do *procedimento* específico e da autoridade competente para tal. É preciso avaliar, sempre, caso a caso, se o legislador respeitou, ou não, os limites *atribuídos* pela Constituição.[283]

---

283. "Pressupostos Constitucionais das Contribuições de Intervenção no Domínio Econômico. A CIDE-Tecnologia", in *Grandes questões atuais do direito tributário*, vol. 7, p. 117.

PAULO AYRES BARRETO

Na análise da finalidade e das causas que deram ensejo à instituição ou aumento de contribuição, há se perquirir, como vimos, se atendido foi o princípio da proporcionalidade, em relação à necessidade, adequação e proibição de excesso.

Perpassados esses aspectos, sendo legítima a causa que dá ensejo à incidência ou aumento da contribuição, impõe-se, como corolário, o efetivo controle do produto da arrecadação. Não seria lógico que a instituição de contribuição estivesse jungida a uma específica finalidade, determinante de sua conformidade com a Constituição Federal, e o produto de sua arrecadação não fosse objeto de um estrito controle. Estaríamos diante uma condicionante que, verdadeiramente, nada condicionaria; de um pretenso limite jurídico que não serviria a nenhum propósito; de um controle de legalidade que nada controlaria.

Deveras, se a finalidade legitima a contribuição, é crucial o controle do produto do destino de sua arrecadação. A relação é de causa e consequência.

José Eduardo Soares de Melo explica, com clareza, esse fenômeno jurídico, ao mostrar a interação entre a atividade legislativa e a atuação do Executivo:

> Trata-se de situações distintas, inconfundíveis no âmbito jurídico e cronológico, pois concernem, respectivamente, a anterior exercício da atividade do Legislativo (estipulando o destino do tributo) e posterior atuação do Executivo (aplicando os recursos). O dado financeiro (destino do produto de arrecadação do tributo) integra o ordenamento jurídico, e passa a ser juridicizado pela via do ato competente (lei) ínsito ao tributo.[284]

Há uma grande resistência por parte da doutrina em aceitar o relevo jurídico, para fins tributários, do destino da arrecadação. Estamos convencidos de que, à luz da Constituição Federal vigente, essa resistência haverá de ser superada.

---

284. *Contribuições sociais no sistema tributário*, p. 35.

CONTRIBUIÇÕES
REGIME JURÍDICO, DESTINAÇÃO E CONTROLE

Eduardo Domingos Bottallo enfrenta essa questão:

> Como se percebe, a destinação do produto da arrecadação que, na doutrina do Código Tributário Nacional, é tida como irrelevante para qualificar a natureza jurídica específica do tributo (art. 4º, II) acabou sendo erigida em ponto de referência, pela Constituição de 1988, para diferenciar as contribuições das demais espécies tributárias.[285]

Não há como sustentar a irrelevância da destinação do produto da arrecadação, a partir da dicção do art. 4º, II, do Código Tributário Nacional. O Texto Constitucional o desmente. O fundamento ou causa para a instituição de contribuição afirma a sua finalidade e estipula o destino da arrecadação. Houve profunda alteração em relação ao sistema jurídico anterior. Nele, explica Marçal Justen Filho,

> os momentos arrecadação e partilha eram logicamente posteriores à criação e configuração de um tributo. Nessa linha de entendimento, o art. 4º, II, do CTN veiculou regra então aplaudida pelos tributaristas e que retratava o sistema jurídico então vigorante.[286]

Hodiernamente, os aplausos não mais se justificam. Queiramos ou não, gostemos ou desgostemos, a destinação do produto da arrecadação ganhou relevo tributário.

Estevão Horvath observa, argutamente, que

> a regra-matriz de incidência propriamente dita, no caso das contribuições, tem como condição de sua validade: a) a existência de uma finalidade constitucionalmente prevista que justifique sua criação, e b) que preveja expressamente a destinação do produto de sua arrecadação. Ou, se quiser, há duas normas de estrutura (ou de competência) que estão a condicionar a validade das contribuições e, consequentemente, a validade da respectiva "regra-matriz de incidência".[287]

---

285. "Alíquota Diferenciada de Contribuição Previdenciária e Princípio da Isonomia", in *Contribuições previdenciárias* – Questões Atuais, p. 15.

286. "Contribuições Sociais", in Caderno de Pesquisas Tributárias. *Contribuições Sociais*, vol. 17, p. 152.

287. *Contribuições de Intervenção no Domínio Econômico*, p. 86

PAULO AYRES BARRETO

Respeitadas as condicionantes, tem-se, no plano legislativo, o seu necessário reflexo. As duas normas de estrutura darão ensejo ao surgimento, no nível legal, de duas normas de conduta: (i) a que determina o pagamento do tributo, em face da ocorrência do fato jurídico tributário; (ii) a que vincula a destinação do montante arrecadado, uma vez pago o tributo.

Eurico de Santi enfatiza que nas contribuições é fundamental que o tributo não apenas seja cobrado por um ato vinculado, mas seja destinado também por ato vinculado.[288] Do engaste entre finalidade e destino da arrecadação, tem-se outra estrutura normativa que se liga à regra-matriz de incidência das contribuições. Trata-se de duas estruturas normativas distintas, ambas igualmente relevantes para a caracterização dessa espécie tributária autônoma. Isoladamente, uma e outra não autorizam o intérprete a emitir juízos definitivos.

A regra-matriz de incidência implica um fato de possível ocorrência à consequência de pagar um certo valor a título de contribuição. Além disso, outra norma geral e abstrata haverá de obrigar seja o correspectivo pagamento desse tributo carreado ao atendimento da finalidade que deu causa à sua instituição. A norma de competência para a instituição de contribuição, que exige seja ela destinada, não pode ser vista apenas como mero motivo que respalda a produção normativa. No plano infraconstitucional, norma de conduta, geral e abstrata, haverá de obrigar sejam os recursos recebidos a título de contribuição efetivamente destinados aos fins que ensejaram a sua criação.

Ademais, no plano fático, caberá também o controle do destino da arrecadação. Marco Aurélio Greco aduz a respeito:

> A destinação do produto da arrecadação deve se dar não apenas como previsão abstrata na legislação de regência, mas também no plano dos fatos. Esta exigência, no plano dos fatos, está ligada a dois aspectos. De um lado, o princípio da eficiência da ação

---

288. Palestra proferida no XVIII Congresso Brasileiro de Direito Tributário, promovido pelo Instituto Geraldo Ataliba-IDEPE.

162

CONTRIBUIÇÕES
REGIME JURÍDICO, DESTINAÇÃO E CONTROLE

administrativa consagrado no artigo 37 da CF/88. Eficiência deve ser aferida não apenas no âmbito global, mas também no específico a que se atrela a exigência pecuniária. Na medida em que há uma determinada finalidade a ser buscada, destinar os recursos a outro fim é negar a eficiência que deve informar a ação administrativa (ineficiência na busca da finalidade que a lei qualifica como relevante a ponto de instituir a contribuição).[289]

Com efeito, a efetiva destinação, no plano fático, será relatada no bojo de norma individual e concreta. A possibilidade de controle dessa destinação é decorrência lógica. Da desvinculação no plano normativo da destinação ou do desvio do produto da arrecadação surdem consequências jurídicas de relevo, que serão examinadas no capítulo subsequente.

---

289. "A Destinação dos Recursos Decorrentes de Contribuição da Contribuição de Intervenção no Domínio Econômico – Cide sobre Combustíveis". *Revista Dialética de Direito Tributário* n. 104, p. 133.

Capítulo VIII

DESVINCULAÇÃO NO PLANO NORMATIVO

O exercício da competência impositiva para a instituição de contribuição é, por determinação constitucional, subordinado à afetação do tributo às despesas que lhe deram origem. Se, de um lado, a materialidade da espécie tributária contribuição não está, necessariamente, prevista na Constituição, existindo, por consequência, certa margem para a atuação do legislador infraconstitucional, não há, de outro lado, qualquer espaço para o desvio do produto de sua arrecadação. O destino da arrecadação é decorrência da própria norma de competência para instituição de contribuição.

Misabel Derzi ensina que,

> se inexiste o órgão, a despesa ou a pessoa que, necessariamente, devem financiar, falece competência à União para criar contribuições ou empréstimos compulsórios. Inexistindo o fundamento constitucional, legitimador do exercício da faculdade legislativa, o contribuinte pode opor-se à cobrança, pois indevido o tributo que nasce de norma sem validade.[290]

Podem surgir anomalias, em relação à norma de competência e ao destino do produto da arrecadação, de diferentes

---

290. In Aliomar Baleeiro, *Limitações constitucionais ao poder de tributar*, p. 614.

matizes: (i) há previsão de desvinculação total ou parcial do produto da arrecadação, veiculada no bojo de Emenda Constitucional; (ii) a desvinculação é prevista no plano legal ou a lei instituidora da exação é silente sobre o destino do produto da arrecadação; (iii) o desvio do produto da arrecadação é fruto de disposição infralegal; (iv) o desvio dá-se no plano fático.

Cabe-nos, pois, examinar os diferentes efeitos decorrentes de tais anomalias. Por situarem-se em diferentes momentos no processo de positivação do direito, produzem consequências jurídicas diversas. Vejamos uma a uma.

8.1 Desvinculação no plano constitucional

Por vezes, nas contribuições, a desvinculação do produto da arrecadação é determinada pelo poder reformador. Exemplificativamente, por força da Emenda Constitucional 27, de 22 de março de 2000, foi introduzido o art. 76 ao Ato das Disposições Constitucionais Transitórias, por intermédio do qual se desvincula "de órgão, fundo ou despesa, no período de 2000 a 2003, vinte por cento da arrecadação de impostos e contribuições sociais da União, já instituídos ou que vierem a ser criados no referido período, seus adicionais e respectivos acréscimos legais". Tal previsão normativa foi objeto de prorrogações, restrições e ampliações por meio das seguintes Emendas Constitucionais: (i) a Emenda 42, de 2003 estendeu a desvinculação até o ano de 2007; (ii) a Emenda 56, de 2007, estendeu-a até 2011; (iii) a Emenda 59/2009 limitou a desvinculação dos recursos destinados à educação nos anos de 2009, 2010 e 2011; (iv) a Emenda 68/2011, estendeu a desvinculação até 2015; e (v) a Emenda 93/2016, aumentou a desvinculação para 30% das receitas da União, prorrogou-a até 2023, estendeu-a às taxas e estabeleceu desvinculação simétrica das receitas de Estados e Municípios.

Em verdade, essas desvinculações surgem originalmente com a criação do Fundo Social de Emergência (Emenda de Revisão n. 1, de 1994), posteriormente designado Fundo de

CONTRIBUIÇÕES
REGIME JURÍDICO, DESTINAÇÃO E CONTROLE

Estabilização Fiscal (Emenda Constitucional 10/96) e que, hodiernamente, leva o nome de "desvinculação de recursos da União".

Se a destinação do produto da arrecadação à finalidade que deu ensejo à instituição da contribuição é condição necessária para a sua legitimação, cumpre examinar quais os efeitos jurídicos decorrentes da desvinculação, ainda que parcial, veiculada por Emenda à Constituição Federal.

Teria a Emenda Constitucional 27/2000 criado espécie tributária *sui generis*, parcialmente imposto, parcialmente contribuição? Vimos que impostos e contribuições têm feições distintas e, por essa razão, estão sujeitos a peculiares regimes jurídicos. Poderia, assim, o poder reformador desvincular parte do produto da arrecadação de contribuição já existente? Haveria ofensa a direitos fundamentais do contribuinte?

A doutrina tem visto essas questões a partir de diferentes perspectivas. José Marcos Domingues de Oliveira defende que,

> se a Constituição se valeu da *especialidade* do interesse público a atender pela *vinculação* (Seguridade), não se pode por derrogações sucessivas invocar a *generalidade* do interesse público pela desvinculação (liquidez financeira). A tanto não se autoriza o poder de emenda do constituinte derivado, pois tal equivaleria a abolir direitos e garantias individuais, cláusulas pétreas (art. 60, § 4º, IV).[291]

Para Fernando Facury Scaff,

> a *liberalidade de conformação do legislador, que era amplíssima no âmbito da CF anterior, passou a ser bastante mais estreita na CF/88*. Para a composição do orçamento anual, o Poder Executivo e o Poder Legislativo somente podem dispor da receita tributária decorrente de impostos, não da receita tributária decorrente das demais espécies tributárias, especialmente das contribuições, que *estarão vinculadas à causa de sua criação, e, portanto, à sua afetação*.[292]

---

291. "Contribuições Sociais, Desvio de Finalidade e a Dita Reforma da Previdência Social Brasileira", in *Revista Dialética de Direito Tributário* n. 108, p. 133.

292. "As Contribuições Sociais e o Princípio da Afetação", in *Revista Dialética de Direito Tributário* n. 98, p. 51.

PAULO AYRES BARRETO

Por sua vez, Fabiana Del Padre Tomé defende que,

> ao transformar parte das contribuições sociais em impostos, mediante a desvinculação de 20% do produto da arrecadação, entretanto, a Emenda Constitucional 27/2000 permitiu a exigência de impostos com hipóteses de incidência e base de cálculo já discriminados na Constituição. E, no que se refere às contribuições sociais cuja materialidade não se confunde com a de qualquer imposto discriminado constitucionalmente, a referida Emenda, por via oblíqua, acaba por permitir a exigência de impostos não previstos para o exercício da competência residual (art. 154, I).[293]

As manifestações doutrinárias em favor da desvinculação são escassas. O argumento utilizado é o de que a parcela desvinculada (20%) seria também direcionada à seguridade social, mas não estaria atrelada a uma despesa específica nesta área. Sua aplicação obedeceria inclusive a critérios de conveniência e oportunidade definidos pelo administrador público, tudo em prol do princípio da eficiência da Administração Pública.[294]

Considerada a abrangência que uma dicção principiológica pode alcançar, praticamente todo e qualquer abuso é passível de ser justificado, *in casu* sob o teórico manto da eficiência administrativa. O referido argumento não se sustenta.

A definição dos limites do poder de reforma, impropriamente chamado de poder constituinte derivado,[295] é matéria que abre ensanchas a acalorados debates. Nos termos do art. 60, § 4º da Constituição Federal, não será sequer objeto de deliberação a proposta de emenda tendente a abolir a forma federativa de Estado; o voto direto, secreto, universal e periódico; a separação dos poderes; e os direitos e garantias individuais.

---

293. *Contribuições para a seguridade social*, p. 154.

294. Cf. Fábio Zambitte Ibrahim, "Desvinculação Parcial da Arrecadação de Impostos e Contribuições – Uma Interpretação Possível da Emenda Constitucional n. 27", *Revista Dialética de Direito Tributário* n. 61, p. 48.

295. Verdadeiramente, poder constituinte é só o originário. A reforma da Constituição Federal tem limites e parâmetros bem definidos no seu próprio corpo, razão pela qual preferimos falar em poder reformador.

CONTRIBUIÇÕES
REGIME JURÍDICO, DESTINAÇÃO E CONTROLE

Interessa-nos, para o deslinde das questões adrede propostas, examinar se direitos e garantias individuais do contribuinte foram suprimidos por intermédio das desvinculações levadas a efeito.

Entendemos que duas garantias individuais do contribuinte são violadas pelas normas constitucionais que impõem a desvinculação do produto da arrecadação de contribuição: (i) a garantia de que o montante dele (contribuinte) cobrado a título de contribuição seja exclusivamente aplicado nos fins que deram causa à instituição da contribuição; e (ii) a garantia de que novos impostos sejam não cumulativos e que não tenham fato gerador ou base de cálculo próprios dos demais tributos discriminados na Constituição.

Ao desvincular-se produto da arrecadação de contribuição, suprime-se a garantia individual do contribuinte de só se sujeitar ao pagamento de contribuição se, e somente se, o destino do montante exigido for integralmente utilizado nos fins que justificaram a criação do tributo. Além disso, rompe-se o imprescindível liame que deve existir entre a causa autorizativa do tributo e sua destinação. Se o produto da arrecadação é desvinculado, ainda que parcialmente, não há como alcançar os fins almejados.

Registre-se que a desvinculação pretendida alcança impostos e contribuições já existentes e os que venham a ser criados (art. 76 do Ato das Disposições Constitucionais Transitórias). Em relação aos existentes, opera-se a deformação da espécie tributária, que pode ter surgido em estrita conformidade com as balizas constitucionais. A produção dos efeitos prescritos pela Emenda à Constituição configura o marco inicial, a ser reconhecido pelos órgãos habilitados pelo próprio sistema, para fins de reconhecimento da inconstitucionalidade da exigência.

Não procede, também, o argumento de que há transformação de parcela da contribuição em imposto. Como sabemos, os fundamentos constitucionais para instituição de imposto e contribuição são distintos. Não há como, em rápida

169

PAULO AYRES BARRETO

penada, promover, a meio caminho, a "transformação parcial e temporária" de espécie tributária existente. Ademais, restaria maculada a garantia de que a União só poderá exercer sua competência residual mediante instituição de impostos não cumulativos e que não tenham fato gerador ou base de cálculo próprios dos demais impostos discriminados na Constituição.

Em súmula, previsão normativa que promova essa desvinculação parcial (e temporária), ainda que posta no plano constitucional, suprime direitos e garantias individuais dos contribuintes, em clara afronta ao art. 60 da Constituição Federal. Como norma constitucional inconstitucional, deve ser retirada do sistema normativo pelos órgãos autorizados pelo próprio sistema.

Nesse sentido, manifestou-se o Ministro Marco Aurélio, quando da apreciação do tema pelo Supremo Tribunal Federal, julgamento no qual se reconheceu a repercussão geral da matéria:

> Verifica-se o envolvimento de tema da maior importância, porquanto, mediante, é certo, emendas constitucionais, acabou-se por desvincular da destinação que lhe é própria tributos – contribuições. No mandado de segurança, sustentou-se a inconstitucionalidade das citadas emendas e buscou-se o não recolhimento dos 20% das contribuições relativas ao PIS, COFINS e CSLL e devolução dos valores pagos nos últimos dez anos.
>
> Tanto quanto possível, o alcance da Carta da República há de ser definido por aquele nela apontado como guardião maior, o Supremo. A situação enfrentada pelo Regional Federal da 4ª Região, de forma contrária ao contribuinte, provavelmente está repetida em inúmeros processos, nada assegurando que as ópticas dos cinco Regionais sejam idênticas. O descompasso de enfoques de texto constitucional solapa este último, que, no campo da concretude, perde a unicidade.
>
> Manifesto-me no sentido da configuração da repercussão geral.[296]

Contudo, no julgamento do mérito desse recurso, o Supremo Tribunal Federal não se debruçou sobre a questão, sob a alegação

---

296. Repercussão Geral em Recurso Extraordinário n. 566.007/RS, Tribunal Pleno, Rel. Min. Cármen Lúcia, publicado no *DJ* de 25.06.2010.

CONTRIBUIÇÕES
REGIME JURÍDICO, DESTINAÇÃO E CONTROLE

de que "o núcleo da questão posta neste recurso extraordinário não é se o art. 76 do ADCT alterado por Emenda ofenderia a Constituição da República, mas se, em caso de inconstitucionalidade, teria a Recorrente direito à desoneração proporcional à desvinculação das contribuições sociais recolhidas".

Entretanto, o voto condutor de lavra da Min. Carmen Lúcia transcreveu a ementa do julgamento do RE 537.610/RS,[297] em que prevaleceu o voto do Ministro Cezar Peluso, no sentido de que "a norma que determina a vinculação da destinação do produto da arrecadação das contribuições sociais não assume caráter de cláusula pétrea, uma vez que não contemplada pelo art. 60, § 4º, da Constituição Federal". Nessa linha, o Ministro concluiu que "nada impede que Emenda Constitucional estatua a desvinculação de receitas".

De sua parte, o Min. Marco Aurélio afirmou, em seu voto, que "não posso perceber, nos óbices contidos no artigo 60, no § 4º desse artigo, obstáculo à tramitação de emenda constitucional, presente a desvinculação". Para o Ministro, "o problema resolve-se no campo da opção política normativa constitucional".

Segundo nos parece, essa conclusão merece ressalvas. Com efeito, os votos em questão cingiram-se a afirmar que não consta da Constituição cláusula pétrea específica que abranja a destinação das receitas de contribuições. Contudo, não enfrentaram os direitos individuais referidos acima, quais sejam, (i) a garantia de que o montante cobrado a título de contribuição seja exclusivamente aplicado nos fins que deram causa à instituição da contribuição e (ii) a garantia de que novos impostos sejam não cumulativos e que não tenham fato gerador ou base de cálculo próprios dos demais tributos discriminados na Constituição. Essas são questões que merecem ser efetivamente enfrentadas pelo Supremo Tribunal Federal, em análise mais profunda da matéria.

---

297. Recurso Extraordinário 537.610, Segunda Turma, Rel. Min. Cezar Peluso, publicado no *DJ* em 18.12.2009.

8.2 Desvinculação no plano legal

No plano legal, há algumas possibilidades a serem contempladas. Podemos imaginar: (i) a desvinculação, por força de lei não orçamentária posterior à criação do tributo, do produto da arrecadação de contribuição regularmente instituída; (ii) a alteração de um vínculo existente, criando uma nova destinação; (iii) a ausência de previsão sobre a destinação; (iv) previsão expressa da não vinculação a órgão, fundo ou despesa; e (v) a desvinculação decorrente de disposição legal posterior, veiculada em lei orçamentária. Esta última hipótese será examinada no capítulo subsequente, em que analisaremos, com vagar, o orçamento público. Cuidemos das outras quatro.

Na primeira hipótese, a contribuição originalmente criada torna-se, *ipso facto*, inconstitucional. Entendemos que a afetação a órgão, fundo ou despesa é requisito essencial à instituição de contribuição. Destarte, a desvinculação do produto da arrecadação é previsão legal incompatível com a espécie tributária contribuição. Os valores arrecadados a título de contribuição devem, obrigatoriamente, ser aplicados nos fins que legitimaram a sua instituição.

Dissemos que o fundamento ou causa para a instituição de contribuição afirma a sua finalidade e estipula o destino da arrecadação. As normas de estrutura que informam a criação de contribuição produzem seus correspectivos efeitos no encadeamento normativo que se instala no plano infraconstitucional. Diferentemente do que ocorre em relação aos impostos e taxas – espécies tributárias em relação às quais o pagamento do tributo é o último ato relevante para fins de desencadeamento de efeitos tipicamente tributários – nas contribuições, a aplicação do produto arrecadado, nos fins que deram ensejo à sua instituição, constitui direito subjetivo do contribuinte. Como vimos, há um necessário vínculo entre causa e destino da arrecadação. Se o que autoriza a instituição de contribuição é a necessidade de recursos por parte do Estado (*lato sensu*), para o atendimento de uma finalidade

CONTRIBUIÇÕES
REGIME JURÍDICO, DESTINAÇÃO E CONTROLE

específica, consoante as balizas constitucionalmente fixadas, tem-se, como corolário, o dever jurídico do Estado de aplicar os recursos arrecadados nesse fim específico e o direito subjetivo do contribuinte de, uma vez comprovado o desvio desses recursos, repetir o indébito tributário.

A norma que estabelece a vinculação do pagamento de contribuição a órgão, fundo ou despesa tem, para fins tributários, o mesmo relevo da regra-matriz de incidência. Contribuição, como espécie tributária autônoma, pressupõe o cumprimento de duas condutas distintas: (i) o dever jurídico do contribuinte de pagar o tributo; e (ii) o dever jurídico de o ente tributante de aplicar o crédito tributário recebido no respectivo órgão, fundo ou despesa. Cumpridas ambas as condutas, estará, de um lado, extinto o crédito tributário e, de outro, restará desonerado o ente tributante da devolução do montante recebido. Pago o tributo, mas desviado o montante arrecadado, tem o contribuinte assegurado o direito subjetivo de repetir o indébito tributário. Se o tributo não for pago pelo contribuinte, assegura-se ao ente tributante o direito subjetivo de exigir, de forma coativa, o adimplemento da obrigação.

Sustentando a mesma posição, Werther Botelho afirma que a

> existência de qualquer desvio tem como reflexo imediato a descaracterização da natureza jurídica específica de Contribuição e, consequentemente, o câmbio dos requisitos formais de sua imposição. Em sendo assim, não há que se falar em mero interesse do contribuinte na concreta aplicação dos recursos, mas em direito subjetivo à repetição dos valores pagos, uma vez que a Constituição só autoriza a exigência de uma Contribuição em atenção a um objetivo específico.[298]

No mesmo sentido, temos Misabel Derzi, para quem

> o contribuinte pode opor-se à cobrança de contribuição que não esteja afetada aos fins, constitucionalmente admitidos; igualmente

---

298. Da *Tributação e sua Destinação*, p. 89.

poderá reclamar a repetição do tributo pago, se, apesar da lei, houver desvio quanto à aplicação dos recursos arrecadados. É que, diferentemente da solidariedade difusa ao pagamento de impostos, a Constituição prevê a solidariedade do contribuinte no pagamento de contribuições e empréstimos compulsórios e a consequente faculdade outorgada à União de instituí-los, de forma direcionada e vinculada a certos gastos. Inexistente o gasto ou desviado o produto arrecadado para outras finalidades não autorizadas na Constituição, cai a competência do ente tributante para legislar e arrecadar.[299]

No segundo caso (alteração da destinação), temos a alteração do vínculo original. A contribuição inicialmente instituída tinha uma determinada finalidade e, num segundo momento, promove-se alteração legislativa, por força da qual, em face de uma nova necessidade em razão de um outro fim, estipula-se destinação não coincidente com a anterior, mas compatível com a nova finalidade. Teríamos, uma vez presentes todas essas variáveis, a instituição de uma nova contribuição, sujeita, portanto, à observância, por exemplo, do princípio da anterioridade. Ressalte-se que, ainda que a estrutura da regra-matriz de incidência remanesça inalterada, sendo diversa a finalidade, é força convir tratar-se de nova figura impositiva.

Na terceira hipótese, a lei seria silente sobre o destino do produto da arrecadação. Rigorosamente, não haveria desvinculação, mas, diversamente, ausência de vínculo. Não se sustenta como contribuição instituída harmonicamente, em face do nosso sistema constitucional tributário, a exigência baseada em lei que não estabelece, de forma precisa, a afetação de sua arrecadação a órgão, fundo ou despesa. Como não há previsão de destinação, e a denominação que se dê a um tributo é irrelevante, devendo-se analisar a sua natureza jurídica, pode ocorrer de a exigência não se sustentar como contribuição, mas caracterizar-se como imposto, instituído no âmbito da competência residual da União.

No quarto caso (previsão expressa da não vinculação a órgão, fundo ou despesa), não estaríamos diante de contribuição,

---

299. In Aliomar Baleeiro, *Limitações Constitucionais ao Poder de Tributar*, p. 598 a 599.

8.3 Desvinculação no nível infralegal

A previsão de que o montante cobrado a título de contribuição possa ter outro destino que não o legalmente previsto pode constar em veículo introdutor de normas secundário.[300] Vale dizer, conquanto o tributo esteja legalmente afetado a órgão fundo ou despesa, disposição infralegal determina a desvinculação ou desvio do produto da arrecadação. Comparativamente, seria o mesmo que uma instrução normativa ou portaria viesse a alterar a alíquota ou a base de cálculo de um tributo.

Não se discute que a pretensão de se alterar a alíquota de um tributo, por intermédio de instrução normativa ou portaria, é absolutamente descompassada com as diretrizes superiores do sistema tributário brasileiro. A questão que se põe é se a desvinculação ou desvio da destinação, em razão de previsão infralegal, atinge o tributo instituído.

Perpassando a fenomenologia da incidência tributária, temos que a desvinculação, na hipótese que ora examinamos, ocorrerá, faticamente, em momento ulterior ao pagamento do tributo devido. A regra-matriz de incidência terá sido elaborada, no plano legal, em conformidade com regras de estrutura postas no plano constitucional; terá ocorrido o evento jurídico tributário, previsto no antecedente desta norma jurídica, que, uma vez vertido em linguagem, fará surdir obrigação tributária; o liame obrigacional terá sido extinto com o pagamento realizado pelo contribuinte; o pagamento terá o seu destino determinado por disposição legal consentânea com a espécie tributária de que ora cuidamos; e a efetiva destinação a órgão, fundo ou despesa não ocorrerá, em razão da aplicação de

---

300. Paulo de Barros Carvalho divide os instrumentos introdutórios de normas no Direito Tributário brasileiro em primários e secundários. Estes seriam compostos por todos os atos normativos subordinados à lei. *Curso de direito tributário*, p. 75.

enunciado prescritivo infralegal, sendo o produto da arrecadação aplicado em outros fins.

A regra-matriz de incidência tributária e a norma jurídica que vincula o pagamento à finalidade que deu causa à instituição da contribuição (insertas no plano legal) foram produzidas em consonância com as normas de competência (estrutura) constitucionais. Ainda assim, o desvio se deu, por força de previsão infralegal. Vale dizer, autoridade administrativa, no exercício de função desta natureza, é responsável pela inserção, no ordenamento jurídico, de instrumento introdutor de normas secundário, contendo enunciado prescritivo que infirma a previsão legal, atribuindo ao montante arrecadado a título de contribuição fins diversos daqueles legalmente estabelecidos.

Como diz Lúcia Valle Figueiredo, "a Administração tem, *em princípio*, o dever de invalidar seus atos desconformes do Direito." E prossegue:

> A invalidação de ato administrativo consiste em sua desconstituição, com a supressão de seus efeitos típicos, por motivo de incompatibilidade com a ordem jurídica. Por conseguinte, com a atribuição de efeitos "ex tunc".[301]

Destarte, a previsão infralegal que promove o desvio do produto da arrecadação de contribuição, em desconformidade com a lei, deve ter seus efeitos jurídicos desconstituídos (eficácia "ex tunc"). Se ainda não produziu seus correspectivos efeitos, deve o ente tributante recompor o *status quo ante*. Para tanto, deve retirar do ordenamento jurídico o conteúdo normativo produzido em descompasso com regras de superior hierarquia.

Se já surdiram, no mundo fenomênico, os efeitos da desvinculação, não tendo sido carreados à órgão, fundo ou despesa os recursos recebidos, tem o contribuinte o direito subjetivo de repetir o indébito tributário. Não há competência para arrecadar contribuição para fins diversos daqueles que deram causa à sua instituição.

---

301. *Curso de direito administrativo*, p. 148.

CONTRIBUIÇÕES
REGIME JURÍDICO, DESTINAÇÃO E CONTROLE

Ademais disso, as autoridades administrativas, responsáveis pela inserção, no ordenamento jurídico, de prescrição descompassada com os ditames legais – da qual resultou o desvio do montante arrecadado, para fins diversos dos que deram causa à exigência – terão cometido crime de responsabilidade.

8.4 Desvio do produto da arrecadação no plano fático

A última hipótese a ser analisada é a do desvio do produto da arrecadação no plano factual. Vale dizer, ter-se-á ato administrativo exarado contrariamente à lei, por autoridade que esteja no exercício de função administrativa, em razão do qual dár-se-á destino diverso daquele legislativamente previsto ao montante pago pelos contribuintes a título de contribuição legalmente instituída.

Já se discute, no Supremo Tribunal Federal,[302] a regra-matriz da despesa pública ou das movimentações intraorçamentárias de recursos. Para o contribuinte, a extinção do crédito tributário dá-se com o pagamento do tributo devido. Nas contribuições, a efetiva destinação do produto da arrecadação a órgão, fundo ou despesa representa o cumprimento do dever jurídico a que ficou jungido o ente tributante, em razão dos vínculos surgidos com a instituição do tributo.

Em edições anteriores deste livro, sustentamos que os efeitos jurídicos da tresdestinação das contribuições no plano fático seriam os mesmos descritos no tópico precedente, inclusive no que respeita à repetição do indébito tributário. No entanto, em melhor reflexão acerca do tema, parece-nos necessário discernir entre a eficácia social da norma que determina a destinação dos valores arrecadados por meio de contribuição e a sua validade. O desvio do montante arrecadado no plano fático, por meio de atos administrativos, apenas implica ineficácia social da norma orçamentária, não

---

302. Ação Direta de Inconstitucionalidade n. 2925-8, Tribunal Pleno, Rel. Min. Ellen Gracie, publicado no *DJ* de 04.03.2005.

comprometendo a sua validade. Logo, considerando-se que a relação de imbricação ocorre no plano normativo, entre a regra-matriz de incidência e a regra de destinação orçamentária, o descumprimento fático da última não importará consequências em relação à validade da exação. Trata-se de circunstância para a qual o ordenamento jurídico prevê sanções específicas, incluindo a responsabilidade administrativa (art. 37, §6º, da Constituição Federal c.c Lei 8.429/92) e penal do agente responsável.

Capítulo IX
ORÇAMENTO E DESTINAÇÃO
DO PRODUTO DA ARRECADAÇÃO

9.1 Orçamento e separação dos poderes

Receitas e despesas públicas são temas imbricados. A Constituição Federal de 1988 contém uma ampla gama de prescrições que se voltam genericamente para as entradas públicas e para os desembolsos de mesma natureza. Dentre as receitas públicas, as de origem tributária são as mais expressivas.

Geraldo Ataliba divide as entradas públicas em ingressos e receitas. Estas seriam originárias (contratuais) ou derivadas (tributos). Espécies do gênero ingresso seriam depósitos, cauções, empréstimo (crédito público).[303]

No âmbito da Ciência do Direito Financeiro, genericamente considerada, percebe-se, com nitidez, um maior destaque para os estudos que se voltam para o Direito Tributário. Examinam-se, à exaustão, os requisitos e os parâmetros para a criação de tributos, a fenomenologia da incidência tributária e as formas de extinção do crédito correspondente. Não se encontram, com a mesma intensidade, manifestações

---

303. *Apontamentos de ciência das finanças, direito financeiro e tributário*, p. 27.

de cunho científico direcionadas ao estudo da despesa pública, ou ainda aos vínculos entre receita e despesa. Não há como negar a relação que existe entre ingressos e desembolsos, entre receitas e despesas. Se, genericamente, tal relação é relevante, nas contribuições assume importância decisiva. A despesa pública, nas contribuições, é, a um só tempo, causa para a instituição do tributo, limite quantitativo a ser observado e efetivo destino da receita tributária obtida. O orçamento público é peça fundamental nesse processo de vinculação entre receitas e despesas.

As relações entre Executivo e Legislativo, no que se refere à aprovação de programas de governo e seus correspectivos gastos, remete-nos à clássica discussão sobre a separação dos poderes. A noção de separação de poderes tem sido questionada pela doutrina.[304] Uma rígida e efetiva separação não seria sequer passível de implementação.

Examinando o tema, Clèmerson Merlin Clève afirma que, "na sociedade de massas não há como manter a distinção entre legislação (função legislativa) e administração (função executiva). O governo compreende ações legislativas e administrativas."[305] E remata:

> A liderança política, a atividade de governo conforma a vontade popular, impondo a sua política por meio da aprovação parlamentar das leis ou de sua execução. Não há separação de poderes evidente entre o Executivo e o Legislativo, uma vez que o governo lidera politicamente os dois poderes.[306]

Por intermédio da lei orçamentária imbricam-se as funções legislativa e executiva. É o que veremos, ao examinar aspectos jurídicos do orçamento.

---

304. Cite-se, a título de exemplo, Karl Loewenstein, *Teoría de la Constitución*, p. 56.

305. *Atividade Legislativa do Poder Executivo*, p. 35.

306. Idem, p. 36.

CONTRIBUIÇÕES
REGIME JURÍDICO, DESTINAÇÃO E CONTROLE

9.2 Aspectos jurídicos do orçamento público

A noção corrente de orçamento é a de estimativa de receitas e fixação de despesas, num certo lapso temporal. É peça de relevo tanto nas relações públicas, como nas de cunho privado. De uma perspectiva jurídica, Régis Fernandes de Oliveira e Estevão Horvath conceituam o orçamento "como a lei que contém previsão de receitas e despesas, programando a vida econômica e financeira do Estado por um certo período."[307]

Mais do que prever receitas e despesas, o orçamento é relevante instrumento de gestão de políticas públicas. Aponta os rumos a serem perseguidos pela Administração Pública. Como esclarecem Régis Fernandes de Oliveira e Estevão Horvath, "deixa de ser mero documento estático de previsão de receitas e autorização de despesas para se constituir no documento dinâmico de atuação do Estado perante a sociedade, nela intervindo e dirigindo seus rumos."[308] Rigorosamente, o orçamento representa uma verdadeira peça de governo.[309] Nas palavras de José Afonso da Silva

> é o processo e o conjunto integrado de documentos pelos quais se elaboram, se expressam, se aprovam, se executam e se avaliam os planos e programas de obras, serviços e encargos governamentais, com estimativa da receita e fixação das despesas de cada exercício financeiro.[310]

A elaboração da peça orçamentária obedece aos primados[311] da unidade, universalidade, exclusividade, anualidade e

---

307. *Manual de direito financeiro*, p. 75.

308. Idem, p. 75.

309. Cf. José Afonso da Silva, *Curso de direito constitucional positivo*, p. 716.

310. *Curso de direito constitucional positivo*, p. 716.

311. Ricardo Lobo Torres classifica os princípios orçamentários segundo a vinculação: "à ideia de justiça: economicidade, redistribuição de rendas e desenvolvimento econômico; à equidade: entre regiões, entre os entes federados e entre gerações; à ideia de segurança: legalidade, clareza, anterioridade, anualidade, publicidade, unidade, universalidade, exclusividade, não afetação, especialidade e equilíbrio." *Curso de direito financeiro e tributário*, pp. 175 e176.

PAULO AYRES BARRETO

equilíbrio. Contemplará, ainda, receitas afetadas e não afetadas. Vejamos cada um desses aspectos do orçamento.

9.2.1 Unidade orçamentária

O orçamento deve formar um todo unitário,[312] uma peça única que vincule as receitas estimadas e as despesas autorizadas. Como ensina Geraldo Ataliba,

> tanto a coluna das receitas, como a coluna das despesas é dividida em inúmeras partes, que, por sua vez, se subdividem em outras menores. O critério para esta divisão está em leis financeiras. O que importa assinalar é que o conjunto destes elementos forma o todo unitário, por definição, designado por orçamento.[313]

9.2.2 Universalidade orçamentária

O orçamento deve obedecer ao primado da universalidade. Nenhuma receita ou despesa deve ficar à margem do orçamento. A peça orçamentária deve englobar a totalidade das receitas estimadas e a integralidade das despesas autorizadas. A universalidade das receitas e despesas deve estar contemplada

---

312. Ricardo Lobo Torres, a propósito, esclarece: "o orçamento é uno, embora possa aparecer em três documentos diferentes, que se harmonizam e se integram finalisticamente. O orçamento fiscal contém todas as receitas e despesas da União. Abrange os Poderes Legislativo, Executivo e Judiciário, bem como os fundos, órgãos e entidades da administração direta e indireta, inclusive fundações instituídas e mantidas pelo Poder Público. Integra-se também à lei anual o orçamento de investimento das empresas em que a União, direta ou indiretamente, detenha a maioria do capital social com direito a voto. É ponto da maior significação na CF, que contribuirá para o equilíbrio financeiro, ao impedir as transferências de recursos e as emissões inflacionárias para suprir a ineficiência das empresas estatais. Compõe, ainda, a lei anual o orçamento da seguridade social, compreendendo as receitas (art. 195) e despesas destinadas a assegurar os direitos relativos à saúde, à previdência e à assistência social, garantidos pela União. Abrange todas as entidades e órgãos vinculados à seguridade social, da administração direta ou indireta, bem como os fundos e fundações instituídos e mantidos pelo Poder Público." *Curso de Direito Financeiro e Tributário*, p. 175 e 176.

313. *Apontamento de ciência das finanças, direito financeiro e tributário*, p. 54.

na peça orçamentária. Os princípios da unidade orçamentária e da universalidade defluem do disposto no art. 165, § 5º da Constituição Federal.

Por força do princípio da exclusividade, o conteúdo da lei orçamentária deve ficar restrito à previsão de receitas e à fixação de despesas. Não deverá conter prescrição estranha a esses fins. Seu propósito é específico, exclusivo. É o que se depreende do art. 165, § 8 º, da Constituição Federal.

9.2.3 Periodicidade orçamentária

Nos termos do art. 165, III, da Constituição Federal, o orçamento será anual. Deverá contemplar receitas estimadas e despesas previstas e autorizadas para o próximo exercício financeiro.[314] No mesmo artigo, há previsão de que leis de iniciativa do Poder Executivo venham a estabelecer um plano plurianual e as diretrizes orçamentárias. A lei de diretrizes orçamentárias fixará as metas e prioridades da Administração Pública federal e orientará a elaboração da lei orçamentária anual. O plano plurianual volta-se à definição de metas de longo prazo, notadamente no que se refere a despesas de capital e a programas de duração continuada.

O conceito de orçamento está inexoravelmente associado à noção de tempo, de período para a previsão de receitas e despesas. O período usualmente adotado é o anual.

9.2.4 Equilíbrio orçamentário

Por força do princípio do equilíbrio dos dados orçamentários, a previsão de receita deve ser compatível com os dispêndios.

---

314. Como diz Geraldo Ataliba, "o orçamento tem um termo inicial e um final, e um período de validade de um ano (em tese, não necessariamente coincidente com o ano civil). No Brasil, sua vigência coincide com o ano civil. Nos Estados Unidos, não. Ao período de vigência do orçamento se designa exercício financeiro." *Apontamento de ciência das finanças, direito financeiro e tributário*, p. 55.

PAULO AYRES BARRETO

Como preconiza Geraldo Ataliba, "o equilíbrio, absoluto ou relativo, postula a igualdade entre as entradas e saídas, para que não haja saldos nem insuficiência (*superávit* ou *déficit*)."[315]

A busca pela compatibilidade entre receitas e despesas, a subordinação da despesa à previsão de receita, e a existência de uma fonte de custeio como condição para o gasto público são manifestações do princípio do equilíbrio orçamentário. Percorrendo a Constituição Federal, pinçamos, a título de exemplo, as seguintes prescrições:

a) vedação ao início de programa ou projeto não incluído na lei orçamentária anual (art. 167, I);

b) proibição da realização de despesas ou assunção de obrigações diretas que excedam créditos orçamentários ou adicionais (art. 167, II);

c) vedação da abertura de crédito suplementar ou especial sem prévia autorização legislativa e sem recursos correspondentes (art. 167, V):

d) não concessão ou utilização de créditos ilimitados (art. 167, VII);

e) vedação à utilização de recursos da seguridade social e do orçamento fiscal para cobrir *déficit* de empresas, fundações ou fundos (art. 167, VIII);

f) proibição de instituição de fundos, sem prévia autorização legislativa (art. 167, X);

g) impossibilidade de utilização dos recursos provenientes das contribuições sociais de que trata o art. 195, I, "a" e II, para realização de outras despesas que não o pagamento de benefício do regime geral de previdência social (art. 201);

---

315. *Apontamento de ciência das finanças, direito financeiro e tributário*, p. 55.

CONTRIBUIÇÕES
REGIME JURÍDICO, DESTINAÇÃO E CONTROLE

h) vedação ao início de investimento cuja execução ultrapasse o exercício financeiro, sem a prévia inclusão no plano plurianual ou autorização legal (art. 167, § 1º);

i) vinculação da abertura de crédito extraordinário a situações extremas, tais como guerra, comoção interna ou calamidade pública (art. 167, § 3º);

j) proibição de concessão de benefício ou prestação de serviço de seguridade social, sem a correspondente fonte de custeio (art. 195, § 5º);

k) organização da previdência social sob critérios que observem o equilíbrio atuarial e financeiro (art. 201).

Em síntese, a noção de equilíbrio orçamentário é insistentemente reiterada na Constituição Federal vigente, constituindo-se em diretriz a ser observada na elaboração das leis dessa natureza, bem assim no exercício da função administrativa.

9.2.5 Afetação e não afetação orçamentária

A Constituição Federal, por intermédio do seu art. 167, IV, vedou a vinculação de receita de impostos a órgão, fundo ou despesa, com as ressalvas elencadas nesse dispositivo. Trata-se de providência salutar, na medida em que não há como exercer função administrativa sem a possibilidade de eleger prioridades e destinar o produto de parcela das receitas tributárias à implantação das próprias políticas públicas.

Régis Fernandes de Oliveira e Estevão Horvath registram que "não se pode colocar o Estado dentro de uma camisa de força, minguando seus recursos, para que os objetivos traçados não venham a ser frustrados. Deve haver disponibilidade para agir."[316]

Como vimos, produto da arrecadação de contribuições é necessariamente vinculado a órgão, fundo ou despesa.

---

316. *Manual de direito financeiro*, p. 81.

Portanto, as receitas dessa espécie tributária são necessariamente afetadas.

Como diz Werther Botelho,

> ao Direito Tributário interessa, quanto ao destino da arrecadação, atentar basicamente para o fato de a mesma ser oriunda de tributos fiscais ou afetados. Sendo fiscais, destinam-se ao financiamento dos gastos públicos gerais. Sendo afetados, destinam-se a orçamento autônomo ou ao custeio de gastos públicos específicos e/ou extraordinários.[317]

O orçamento aprovado deve ser acompanhado em sua execução. A execução orçamentária é, assim, tema que merece nossa atenção.

9.3 Execução orçamentária

Aprovado o orçamento, assume relevo o controle de sua fiel execução. Não haveria sentido jurídico cercar de formalidades a aprovação da lei orçamentária para, num segundo momento, não controlar a sua execução. Nos termos do art. 70 da Constituição Federal, a fiscalização orçamentária será exercida pelo Congresso Nacional, mediante controle externo, e pelo sistema de controle interno de cada Poder. Alude o dispositivo, também, à fiscalização contábil e financeira.

Rigorosamente, a contabilidade é mero instrumento de controle, ou "técnica que instrumentaliza o controle", para usar a expressão cunhada a propósito do tema, por Régis Fernandes de Oliveira e Estevão Horvath.[318] Fatos ocorridos são registrados contabilmente. Já no orçamento, prevê-se algo que se espera venha, no futuro, a ocorrer. A contabilidade lastreia-se nas provas que documentam os fatos. Constitui, dessa perspectiva, importante instrumento de verificação (prova)[319]

---

317. *Da tributação e sua destinação*, p. 60.

318. *Manual de direito financeiro*, p. 101.

319. Fabiana Del Padre Tomé assim se manifesta sobre as provas: "A atividade probatória

CONTRIBUIÇÕES
REGIME JURÍDICO, DESTINAÇÃO E CONTROLE

e controle entre o que se estimou e o que efetivamente ocorreu. Como observa Eurico de Santi "a prova não é a realidade, é a articulação jurídica dessa realidade."[320]

A fiscalização da execução orçamentária presta-se ao exame da aderência das estimativas de receita efetuadas, bem como à verificação da aplicação do dinheiro público, nas rubricas legalmente previstas na lei orçamentária. Dessa perspectiva, configura decisivo instrumento de prova do desvio da destinação do produto arrecadado a título de contribuição.

A contabilidade pública fornecerá os elementos de prova necessários à caracterização do desvio do produto arrecadado a título de contribuição que, no plano orçamentário, destinava-se à finalidade que deu causa à sua instituição.

Do exposto, depreende-se que a desvinculação do produto da arrecadação ocorrerá sempre que a lei orçamentária atribuir a uma receita de contribuição destino diverso daquele que ensejou a sua instituição. De outra parte, haverá desvio do produto da arrecadação sempre que a efetiva aplicação, por intermédio do administrador público, não observar a estipulação orçamentária, elaborada em conformidade com o fundamento da exação.

9.4 Desvinculação orçamentária

Comprometemo-nos, no capítulo anterior, a examinar a desvinculação do produto da arrecadação decorrente de disposição legal posterior, veiculada em lei orçamentária. Neste caso, teríamos a edição de lei instituidora da contribuição, com previsão da destinação do produto de sua arrecadação, e posterior aprovação de lei orçamentária com previsão de desvinculação total ou parcial do montante arrecadado.

---

das partes tende à demonstração da veracidade dos fatos por elas alegados, mediante convencimento do julgador. Apresenta a prova, portanto, função persuasiva, dirigindo-se a formar a convicção do destinatário. Sua finalidade é a constituição ou desconstituição do fato jurídico em sentido estrito." *A prova no direito tributário*, p. 320.

320. *Decadência e prescrição no direito tributário*, p. 41.

Ressaltamos, anteriormente, a incompatibilidade entre a desvinculação do produto da arrecadação e a espécie tributária contribuição. O montante cobrado a título de contribuição só pode ser aplicado na finalidade que deu causa à sua instituição. A causa, na contribuição, afirma a sua finalidade e estipula o destino da arrecadação.

O vínculo entre causa e destino da arrecadação não é passível de ser alterado ou afastado por intermédio de lei orçamentária, sob pena de seu comprometimento estrutural como espécie tributária. A autorização para a instituição de contribuição decorre da necessidade do ente tributante obter recursos que se destinem ao atendimento de uma finalidade específica. Em contrapartida, o ente tributante tem o dever jurídico de usar integralmente o produto da arrecadação nesse fim colimado. A norma orçamentária que rompe esse vínculo desnatura a exigência; abre ao contribuinte a possibilidade de repetir o indébito tributário. O débito do contribuinte está atrelado à finalidade. Se há a desvinculação, o débito torna-se, *ipso facto*, um indébito.

Capítulo X
A DESTINAÇÃO DO PRODUTO DA ARRECADAÇÃO NO SUPREMO TRIBUNAL FEDERAL

10.1 Controle da destinação

Decisões recentes do Supremo Tribunal Federal têm evidenciado um novo entendimento dessa Corte a respeito da destinação do produto da arrecadação. A matéria tem gerado acalorados debates, notadamente em razão do posicionamento anterior adotado pelo mesmo Tribunal.

A destinação do produto da arrecadação, em matéria de contribuições, tem sido enfrentada a partir de diferentes perspectivas. Num dos enfoques, examina-se a possibilidade da contribuição ser arrecadada e fiscalizada pela Secretaria da Receita Federal, e não pelo órgão ao qual se destina.

Enfrentando o tema, Misabel Derzi rejeitou essa possibilidade, predicando uma parafiscalidade necessária nas contribuições. Concluiu que,

> consentir que a União cobre, arrecade e fiscalize as contribuições destinadas ao custeio, aos órgãos de seguridade social, para depois repassá-las, pelo mecanismo de transferências aos órgãos da

PAULO AYRES BARRETO

seguridade, é transformar as contribuições em impostos com destinação, expressamente vedados; é invalidar o regime que a Constituição lhes atribuiu; é ferir a letra e o espírito da Constituição Federal, que objetivou resguardar a caixa da Seguridade Social.[321]

No Recurso Extraordinário n. 150.764-1/PE, relativo ao Finsocial, o STF não acatou esses argumentos. O Ministro Sepúlveda Pertence fundamentou sua posição na seguinte conformidade:

> De qualquer sorte, ainda com relação aos recursos votados às entidades da administração indireta, a centralização na Receita Federal de sua arrecadação e fiscalização *não lhes descaracteriza a destinação específica que lhes haja emprestado o orçamento da seguridade social*: não me convenci de que o problema se distinga ontologicamente do que se dá com a arrecadação pela União ou pelos Estados da totalidade de determinados impostos, não obstante, segundo a Constituição, parte do produto deles pertença, desde a sua efetivação, aos Municípios (CF, art. 158).[322]

Mais recentemente, no julgamento da ADI 763/DF,[323] o STF reafirmou que a administração da cobrança de uma contribuição é diferente da sua destinação. Nesse caso, postulava-se pela declaração de inconstitucionalidade da Lei 11.941, de 2009, por atribuir, à Receita Federal do Brasil, a competência para fiscalizar e arrecadar as contribuições previdenciárias, anteriormente exercida pelo Instituto Nacional do Seguro Social (INSS). Os postulantes argumentavam que a modificação de competência violaria a necessária destinação dessas contribuições ao orçamento da Seguridade Social. Todavia, o voto condutor do Min. Edson Fachin deixou clara a diferença entre a destinação do produto da arrecadação e as incumbências administrativas de fiscalização, ao afirmar que

---

321. "Contribuição para o Finsocial", *Revista de Direito Tributário* n. 55, p. 212.

322. Recurso Extraordinário n. 150.764/PE, Tribunal Pleno, Rel. Min. Sepúlveda Pertence, publicado no *DJ* de 02.04.1993.

323. Ação Direta de Inconstitucionalidade n, 763, Tribunal Pleno, Rel. Min. Edson Fachin, publicado no *DJ* de 04.12.2015.

"o fato de a receita integrar o orçamento fiscal da União não macula a constitucionalidade de uma contribuição destinada ao financiamento da Seguridade Social, porque o que importa é a destinação da receita pública".

Ressalte-se que a posição do Supremo Tribunal Federal ora descrita cinge-se à questão da centralização da arrecadação e fiscalização das contribuições. A efetiva destinação constitui um dado jurídico relevante. Admite-se, apenas, que a parafiscalidade não é necessária. A busca de uma maior eficiência administrativa, na fiscalização e recolhimento de tributos afetados, não afrontaria o Texto Constitucional, uma vez que a destinação efetiva restaria assegurada.

Por outro lado, há uma série de dispositivos constitucionais que atribuem relevo à efetiva arrecadação, como a expressa previsão de orçamentos distintos (art. 165, §5º); a vedação de transferência de recursos entre órgãos ou programas sem autorização legal (art. 167, VI); e a proibição de utilização de verbas orçamentárias vinculadas aos respectivos orçamentos sem prévia autorização legislativa, para suprir necessidade de empresas, fundações ou fundos. Além disso, em relação à seguridade social, fica assegurada a gestão dos recursos pelos órgãos responsáveis pela saúde, previdência social e assistência social (art. 195, § 2º).

Entendemos, contudo, que nenhum dos dispositivos citados autoriza a conclusão, de forma peremptória, da impossibilidade de centralização da arrecadação. Admitimos que, motivada pela busca de uma maior eficiência administrativa, seja estabelecida a centralização da fiscalização e arrecadação, desde que assegurados o imediato repasse do produto arrecadado e o efetivo exercício da atividade fiscalizatória. Ausente uma das duas condicionantes, a centralização pode ser questionada.

10.2 Consequências da desvinculação

O que importa efetivamente perquirir é se foi observada a efetiva afetação do montante arrecadado e quais as consequências que a desvinculação normativa ou o desvio ensejam.

PAULO AYRES BARRETO

A primeira manifestação do Supremo Tribunal Federal sobre o tema, ainda que em voto vencido, foi do Ministro Carlos Velloso. Disse o eminente professor:

> Uma ressalva é preciso ser feita. É que caso há, no sistema tributário brasileiro, em que a destinação do tributo diz com a legitimidade deste e, por isso, não ocorrendo a destinação constitucional do mesmo, surge para o contribuinte o direito de não pagá-lo. Refiro-me às contribuições parafiscais – sociais, de intervenção no domínio econômico e de interesse de categorias profissionais ou econômicas, C.F., art. 149 – e aos empréstimos compulsórios (C.F., art. 148).[324]

Posteriormente, examinando dispositivo de lei orçamentária que autorizava o Poder Executivo a não aplicar, integralmente, a destinação do produto da arrecadação da contribuição de intervenção no domínio econômico, o Supremo Tribunal Federal abriu novas perspectivas para o tema.

Decidiu a Corte Suprema que é inconstitucional a interpretação de lei orçamentária que implique abertura de crédito suplementar em rubrica estranha à destinação do produto da arrecadação.[325]

Ressalte-se que, para enfrentar o tema, o Supremo Tribunal Federal afastou precedentes nos quais, analisando problemas da destinação do montante arrecadado por força de disposição constante em lei orçamentária, havia firmado entendimento no sentido de que não se buscava a declaração final de inconstitucionalidade de uma norma, mas de uma destinação de recursos prevista em lei formal (orçamentária), de efeitos concretos, descabendo, assim, o controle concentrado.[326] Registrava, à época, que esse entendimento não impedia a discussão da matéria pelos eventuais prejudicados, pela via do controle

---

324. Recurso Extraordinário n. 183.906/SP, Tribunal Pleno, Rel. Min. Marco Aurélio, publicado no *DJ* de 30.04.1998.

325. Ação Direta de Inconstitucionalidade n. 2925-8/DF, Tribunal Pleno, Rel. Min. Ellen Gracie, publicado no *DJ* de 04.03.2005.

326. Ação Direta de Inconstitucionalidade n. 1640/DF, Tribunal Pleno, Rel. Min. Sydney Sanches, publicado no *DJ* de 03.04.1998.

CONTRIBUIÇÕES
REGIME JURÍDICO, DESTINAÇÃO E CONTROLE

difuso. Vale dizer, não se disse que a destinação era irrelevante. Entendeu-se, apenas, que não cabia controle concentrado de constitucionalidade para se discutir a matéria.

Nos debates travados em torno da Ação Direta de Inconstitucionalidade n. 2.925/DF, essa posição foi revista. Argumentou-se no sentido de que os efeitos de lei orçamentária não são exclusivamente concretos e, fundamentalmente, que não pode tal lei servir de instrumento para o governo deixar de cumprir a Constituição.

Em suas manifestações, diversos ministros ressaltam a necessária aplicação dos recursos obtidos de forma vinculada. Nesse sentido, propugnaram, de forma incisiva, os Ministros Cezar Peluso, Gilmar Mendes, Carlos Velloso e Carlos Ayres Brito.

O Ministro Sepúlveda Pertence chega a lamentar o posicionamento por ele adotado anteriormente, ao analisar a CPMF, e reconhece que é da essência das contribuições a vinculação de todo o montante arrecadado. A vinculação não obriga a despender tudo o que se arrecada. O efetivo dispêndio, na finalidade, depende de dotação orçamentária. Mas, o orçamento só pode destinar verbas vinculadas ao correspectivo órgão, fundo ou despesa.

Em seu voto, enfatiza o Ministro Sepúlveda Pertence que não vê

> possibilidade de interpretação que leve à autorização de um desvio das destinações predeterminadas às receitas vinculadas, como são as receitas das contribuições; e não vejo, primeiro, dada a natureza mesma do crédito suplementar, no Direito Constitucional orçamentário; segundo, pela vinculação explícita do próprio artigo 4º, à observância do artigo 8º, § 2º da Lei de Responsabilidade Fiscal, que torna absolutamente inequívoco que o crédito suplementar só pode destinar verbas vinculadas ao objeto de sua vinculação.[327]

Com efeito, por expressa disposição da Lei Complementar n. 101/2000, também conhecida como Lei de Responsabilidade Fiscal (art. 8º, parágrafo único), os recursos legalmente

---

327. Ação Direta de Inconstitucionalidade n. 2925-8/DF, Tribunal Pleno, Rel. Min. Ellen Gracie, publicado no *DJ* de 04.03.2005.

vinculados a fim específico serão utilizados exclusivamente para atender ao objeto de sua vinculação, ainda que em exercício diverso daquele em que ocorreu o ingresso. Findo o exercício financeiro e não aplicada a integralidade do produto da arrecadação, mantém-se intacto o vínculo.

Percebe-se, com clareza, que a discussão centra-se na possibilidade de efetivo desvio do montante arrecadado, em se tratando de tributo vinculado. O Supremo Tribunal Federal manifestou firme oposição a essa possibilidade.

Não estamos falando meramente da presença, em lei tributária, da causa ou fundamento que autoriza a instituição da contribuição. Cuida-se da efetiva aplicação do produto da arrecadação, prevista em lei orçamentária, na finalidade que deu ensejo à instituição do tributo.

Em edições anteriores desta obra, rogamos pela transformação do voto vencido do Ministro Carlos Velloso, acima referido, em voto vencedor, consagrando-se o entendimento de que, não ocorrendo a destinação constitucional da contribuição, surge para o contribuinte o direito de não pagá-la; se o pagamento já tiver ocorrido, nasce o direito subjetivo à repetição do indébito.

Entretanto, ao examinar essa questão no julgamento do RE 566.007,[328] com repercussão geral, o tribunal firmou a tese de que "a eventual inconstitucionalidade de desvinculação de receita de contribuições sociais não acarreta a devolução ao contribuinte do montante correspondente ao percentual desvinculado, pois a tributação não seria inconstitucional ou ilegal, única hipótese autorizadora da repetição do indébito tributário".

O voto da Min. Cármen Lúcia no precedente em tela foi objeto de unanimidade no Tribunal Pleno. A Ministra, inicialmente, reconheceu que "as contribuições sociais e as contribuições de intervenção no domínio econômico são tributos com destinação de arrecadação vinculada". Contudo, asseverou que não seria possível concluir que

---

328. Recurso Extraordinário 566.007, Tribunal Pleno, Rel. Min. Cármen Lúcia, publicado no *DJ* em 11.02.2015.

CONTRIBUIÇÕES
REGIME JURÍDICO, DESTINAÇÃO E CONTROLE

> da eventual inconstitucionalidade da desvinculação parcial da receita das contribuições sociais decorreria a devolução ao contribuinte do montante correspondente ao percentual desvinculado, pois a tributação não seria inconstitucional ou ilegal, única hipótese em que se autorizaria a repetição do indébito tributário ou o reconhecimento de inexistência de relação jurídico-tributária.

Segundo nos parece, esse voto apresenta grave contradição. De um lado, reconhece, com acerto, o relevo da destinação do produto arrecadado por meio das contribuições, que decorre diretamente da causa ou finalidade dessa espécie tributária, configurando requisito essencial para a sua validade. Entretanto, de outro lado, o julgado afirma que o vício de destinação não implicaria a inconstitucionalidade ou ilegalidade da contribuição, motivo pelo qual não haveria falar em direito à repetição do indébito. Ora, ou bem a destinação é elemento característico das contribuições, que a Constituição erige como requisito de validade, ou configura mero requisito acidental, cuja inexistência não teria nenhum efeito na validade da cobrança.

A principal tese que se buscou demonstrar ao longo deste livro é justamente que o fundamento ou causa para a instituição de contribuição afirma a sua finalidade e estipula o destino da arrecadação. Muito embora a destinação da contribuição se conforme por regra distinta da regra-matriz de incidência do tributo, a finalidade ou causa dessa última imbrica-a com a regra de destinação, de tal forma que a invalidade ou o descumprimento da última implica a invalidade da primeira, por desvio de finalidade.

A distinção entre os impostos e as contribuições levada a efeito pela Constituição Federal de 1988 somente terá efetividade no momento em que efetivamente se controlar a destinação das contribuições, dando-lhe os devidos efeitos jurídicos, inclusive em relação ao direito à repetição do indébito. Enquanto isso não ocorrer, os desvios envolvendo contribuições seguirão consubstanciando inconstitucionalidades deveras convenientes à União Federal, ao arrepio da Constituição.

CONCLUSÕES

Proposições gerais

1. Ciência é um conjunto de conceitos articulados de acordo com princípios ordenadores, que se subordinam a um sistema.

   1.1. O Direito é um objeto cultural, que se manifesta por intermédio de linguagem. No direito positivo, a linguagem tem função prescritiva. Cabe à Ciência do Direito descrever o seu objeto, também por intermédio da linguagem, porém em função descritiva.

2. Ordenamento jurídico é o resultado da somatória das manifestações do direito positivo. Sistema jurídico é o resultado da elaboração científica sobre o ordenamento jurídico.

3. O sistema jurídico é composto por normas dessa natureza, assim entendidas as significações construídas a partir do direito positivo, que se destinam à regulação de condutas intersubjetivas.

4. As normas jurídicas podem ser classificadas em normas de estrutura e normas de conduta. As primeiras têm como objeto imediato os modos de criação, modificação e expulsão das normas jurídicas do sistema. As de conduta regulam diretamente

o comportamento das pessoas, nas relações de intersubjetividade.

5. O texto jurídico é composto por um plano de expressão e um plano de conteúdo. Neste último plano, surgem as significações do plano expressional, construídas pelo intérprete na busca do sentido deôntico. Um primeiro subsistema é composto pelo conjunto de enunciados, tomados no plano da expressão. Um segundo subsistema será formado pelo e conjunto de significações de manifestações prescritivas. Num terceiro nível sistêmico, temos as normas jurídicas, em sentido estrito. O conjunto das normas jurídicas conforma o sistema jurídico.

6. Princípios são enunciados prescritivos, dotados de elevada carga axiológica, que informam a produção legislativa e a compostura das normas jurídicas reguladoras de condutas intersubjetivas.

    6.1. Do cotejo entre a significação dos enunciados prescritivos que veiculam disposições de caráter principiológico e as prescrições que definem e circunscrevem, de forma mais precisa, o mecanismo de realização desses princípios (regras insertas na Constituição Federal), exsurgirá a efetiva dicção constitucional.

7. À Ciência do Direito cabe examinar a atividade financeira, a partir dos comandos prescritivos que a ela digam respeito, tomando esse dado em todo o seu relevo jurídico, em relação ao Direito Financeiro e ao Direito Tributário, ramos do Direito em que se predica autonomia meramente para fins didáticos.

Proposições específicas

8. A Constituição Federal de 1988 cuida de talhar, minudentemente, o subsistema constitucional tributário

CONTRIBUIÇÕES
REGIME JURÍDICO, DESTINAÇÃO E CONTROLE

e, para tanto, reparte as competências impositivas entre os entes tributantes; classifica os tributos; fixa conceitos; determina os regimes jurídicos aplicáveis; prescreve os direitos fundamentais do contribuinte; e vincula o produto da arrecadação.

8.1. Em face do sistema jurídico, que trata extensivamente da matéria tributária no plano constitucional, assume relevo o labor exegético de reduzir a vaguidade ou imprecisão de conceitos constitucionais.

8.2. Cabe ao intérprete, em face de cada signo constitucional, perquirir sobre sua recepção com base na acepção jurídica preexistente ou avaliar se ocorreu alteração (positivação de conceito autônomo), demonstrável em exegese sistemática da novel ordem jurídica.

9. Deflui da Constituição Federal vigente a noção de tributo como obrigação de caráter pecuniário e compulsório, instituída em lei, que não decorra da prática de um ato ilícito, devida ao Estado (*lato sensu*) ou a pessoa por ele delegada, observados os limites constitucionalmente estabelecidos.

10. O fundamento ou causa para o surgimento de norma tributária encontra-se constitucionalmente previsto. A avaliação do nexo lógico entre a causa da instituição do tributo e sua estrutura normativa, em função da finalidade a ser atingida, permitirá seja avaliado o atendimento de pressupostos para o exercício da competência impositiva.

11. Classificar é distribuir em classes, de acordo com um método ou critério previamente estabelecido. Compõem uma mesma classe os elementos que satisfaçam o critério eleito.

11.1. A separação dos diversos gêneros em classes distintas e a identificação, em cada classe, de suas espécies haverão de se pautar, em se tratando de classificação elaborada no plano da Ciência do Direito, pela consideração do direito posto.

11.2. Uma classificação jurídica, formulada com rigor científico, haverá de, a um só tempo, atender aos primados básicos sobre os quais se assenta a teoria das classes e refletir as peculiaridades do direito positivo.

11.3. As propostas classificatórias que dividem os tributos meramente em (i) vinculados e (ii) não vinculados, conquanto erigidas em absoluta conformidade com a teoria das classes, não têm o condão de explicar e justificar todas as variáveis sistêmicas, decorrentes das particularidades do nosso direito positivo.

11.4. As variáveis "destinação" e "restituição" não podem ser tidas como hábeis para formar classes no mesmo nível daquela que divide os tributos em vinculados e não vinculados, consoante a hipótese de incidência normativa. Formam classes sucessivamente subordinadas.

11.5. A subordinação do critério "destinação" ao critério "vinculação" levará à distinção das espécies tributárias imposto, taxa e contribuições e, dentre estas últimas, ao reconhecimento da contribuição de melhoria. Para identificarmos os empréstimos compulsórios, faz-se necessário considerar, ainda, o critério "restituição", sempre de forma sucessiva, de modo a permitir que a somatória das classes subordinadas represente a totalidade da classe superior.

11.6. A consideração das variáveis "vinculação", "destinação" e "restituição" como definidoras de classes que se formam sucessivamente, em relações de coordenação e subordinação, permite a identificação das seguintes alternativas: (i) se o tributo for vinculado, destinado e restituível, teremos um

CONTRIBUIÇÕES
REGIME JURÍDICO, DESTINAÇÃO E CONTROLE

empréstimo compulsório, cuja materialidade pode ser de uma taxa ou de uma contribuição de melhoria; (ii) se o tributo for vinculado, destinado e não restituível, estaremos diante de uma taxa ou de uma contribuição de melhoria, a depender do critério material eleito; (iii) em face das premissas adotadas, não haveria a possibilidade lógica de um tributo ser vinculado, não destinado e restituível, uma vez que o tributo vinculado tem o produto de sua arrecadação destinado a uma finalidade constitucionalmente determinada; (iv) o mesmo raciocínio desenvolvido para o item anterior aplica-se à hipótese de tributo vinculado, não destinado e não restituível; (v) se o tributo for não vinculado, destinado e restituível estaremos diante de empréstimo compulsório; (vi) se o tributo for não vinculado, destinado e não restituível, teremos, necessariamente, uma contribuição que não a de melhoria; (vii) não há previsão, em nosso sistema tributário, de tributo não vinculado, não destinado e restituível; (viii) se o tributo for não vinculado, não destinado e não restituível, estaremos diante de um imposto.

12. Observadas as exceções constitucionalmente previstas, as receitas de impostos não podem ser vinculadas a órgão, fundo ou despesa e, por essa razão, devem compor o orçamento geral do ente tributante.

13. Os parâmetros ou critérios escolhidos pelo legislador para repartir o custo da atividade estatal caracterizam as alíquotas nas taxas.

13.1. Dois limites quantitativos devem ser observados nas taxas: (i) necessária compatibilidade entre o efetivo custo da atividade estatal e o montante a ser cobrado a título de taxa; (ii) correlação lógica entre o(s) parâmetro(s) escolhido(s) para repartir o custo da atuação do Estado e a intensidade com que o particular demanda essa atuação.

14. Os requisitos para instituição válida de contribuição de melhoria são (i) obra pública e (ii) valorização imobiliária. O conectivo lógico é o conjuntor. Não é suficiente que se tenha obra pública. A sua realização é condição necessária, porém não suficiente, para a exigência do tributo contribuição de melhoria. De outra parte, a valorização imobiliária que não decorra de obra pública também não autoriza a exigência de contribuição de melhoria.

15. A competência para a instituição de contribuições sociais, de intervenção no domínio econômico e de interesse de categorias profissionais ou econômicas, por parte da União, *ex vi* do disposto no art. 149 da Constituição Federal, está atrelada à dicção "como instrumento de sua atuação nas respectivas áreas". A necessidade geral de arrecadação não autoriza a instituição de contribuição. O pressuposto constitucional para sua exigência é a atuação do Estado (*lato sensu*), em área constitucionalmente demarcada. Trata-se de regra de estrutura, delimitadora da competência impositiva, de um lado, e que enseja, de outro, o necessário controle do destino do produto da arrecadação.

16. O empréstimo compulsório é a espécie tributária adstrita ao atendimento de um maior número de requisitos constitucionais para sua instituição: (i) lei complementar; (ii) guerra, calamidade pública ou investimento público que seja urgente e relevante; (iii) aplicação dos recursos vinculada à despesa que o originou; e (iv) previsão de restituição do valor cobrado.

17. Uma análise das contribuições, em face do Direito Comparado, permite-nos concluir que não há uma solução categorial sobre o tema, sendo o conceito de

CONTRIBUIÇÕES
REGIME JURÍDICO, DESTINAÇÃO E CONTROLE

tributo, identificação e classificação das espécies tributárias e seus respectivos regimes jurídicos construções que se submetem às nuanças do direito positivo de cada país.

17.1. A noção de contribuição mais presente na doutrina estrangeira tem como traços característicos: (i) natureza tributária; (ii) uma atividade estatal (não necessariamente qualificada como o fato que compõe o antecedente de norma geral e abstrata tributária); (iii) vantagens ou benefícios decorrentes desta atividade estatal para o contribuinte; e (iv) vinculação do produto da arrecadação à atividade a ser financiada.

18. Da investigação das acepções do signo "contribuição" a partir do direito positivo brasileiro, bem como da Ciência que o descreve, identificamos dezoito usos distintos – em análise não exaustiva – fato que, por si só, explica o atual descompasso doutrinário e jurisprudencial em relação ao tema. A adoção de cada uma dessas acepções resultará em distintos desdobramentos teóricos.

19. As contribuições têm natureza tributária por se amoldarem ao conceito de tributo. Não é a sua submissão ao regime tributário que lhes confere tal natureza. Ao revés, é a sua natureza que define o regime jurídico ao qual devam estar submetidas.

20. A parafiscalidade não modifica o caráter tributário da exigência e não se revela como dado diferenciador das espécies tributárias; não é matéria cuja cogitação interesse exclusivamente aos lindes do Direito Financeiro, dado que dela defluem relevantes implicações para o Direito Tributário.

21. Diferentemente dos impostos e das taxas, nas contribuições o foco reside na causa para a instituição do tributo, no exame da necessidade e adequação do

203

tributo para o custeio de uma atividade estatal específica, sendo que as materialidades, quando referidas, configuram mero limite adicional a ser respeitado.

21.1 As receitas públicas geradas com a arrecadação de contribuições são necessariamente vinculadas a órgão, fundo ou despesa, diversamente do que ocorre com os impostos, em que o vínculo dessa natureza é vedado pela Constituição.

21.2. As receitas decorrentes de contribuições sujeitam-se a controle quantitativo. Devem ser dimensionadas em conformidade com os dispêndios gerados pela atividade estatal que fundamentou a sua instituição. As receitas advindas de impostos não se submetem a tal controle, porquanto voltadas para o atendimento dos gastos gerais dos entes tributantes.

22. Além das contribuições sociais destinadas à seguridade social, outras contribuições sociais podem ser instituídas, desde que sirvam de instrumento de atuação da União na área social e observem o disposto no art. 146, III e 150, I e III da Carta Magna. Não há circunscrição às materialidades constitucionalmente previstas. O que a Constituição Federal não autoriza é que sejam criadas outras contribuições sociais que não aquelas cuja materialidade foi por ela prevista, com hipótese de incidência de impostos, conferidos à competência privativa de Estados, Distrito Federal e Municípios.

23. As contribuições de interesse das categorias profissionais ou econômicas podem ser exigidas dos membros dessa categoria e deverão ser rateadas em função da parte que cabe a cada um nas despesas ou encargos comuns. Tais despesas são suportadas pelo delegatário da capacidade tributária ativa, a quem serão carreadas, também, as receitas advindas do rateio. Trata-se de hipótese típica de parafiscalidade.

CONTRIBUIÇÕES
REGIME JURÍDICO, DESTINAÇÃO E CONTROLE

24. A instituição de contribuição de intervenção no domínio econômico tem como pressuposto uma situação de desequilíbrio de mercado, que não decorra de práticas ilícitas, em que a sua criação seja condição para que, no tempo, haja o regular funcionamento desse mercado.

24.1. As contribuições de intervenção no domínio econômico são tributos que se caracterizam pela ingerência da União (*intervenção*) sobre a atividade privada, na sua condição de produtora de riquezas (*domínio econômico*), em caráter excepcional, condicionada à comprovação de que há um desequilíbrio de mercado, que possa ser superado com a formação de um fundo a ser revertido em favor do próprio grupo alcançado pela contribuição interventiva.

24.2. A Constituição Federal não autoriza sejam criadas contribuições dessa natureza, cujo critério material seja de imposto conferido à competência privativa de Estados, Distrito Federal e Municípios.

25. Identificamos, como traço característico nas contribuições, a existência de benefícios individuais ou de grupos, ainda que pressupostos, decorrentes da realização de obras públicas ou de atividades especiais do Estado. Inexistente o benefício ou vantagem, falece a competência para a instituição da contribuição.

26. Para a integral observância ao princípio da estrita legalidade em relação às contribuições, notadamente as interventivas e as contribuições sociais específicas, não basta sejam previstos em lei apenas os critérios que compõem uma regra-matriz de incidência típica de imposto ou de taxa. É necessário que, a partir das prescrições constantes no veículo introdutor de normas, seja possível identificar os motivos que ensejaram a sua criação ou o seu aumento, bem como a compatibilidade entre tais motivos e as disposições veiculadas.

205

PAULO AYRES BARRETO

27. O princípio da solidariedade tem seu alcance reduzido por uma série de prescrições constitucionais que enfeixam as condições para se instituir e exigir contribuições. Se se pretende exigir verdadeira contribuição, é forçoso verificar se aqueles traços mínimos reconhecidos para essa espécie tributária estão presentes; se o grupo está identificado; se a fonte de custeio total é compatível com o benefício ou serviço (art. 195, § 5º da Constituição Federal); se o critério de rateio desse custo é adequado.

28. Nas contribuições, deve-se buscar o critério adequado para o rateio dos encargos a serem suportados pelo grupo, critério que pode variar, entre outros aspectos, conforme a espécie de contribuição instituída, a específica situação de cada contribuinte dentro do grupo, a correlação entre a atividade estatal desenvolvida, de uma perspectiva genérica, e os membros do grupo isoladamente considerados.

29. Diversamente do princípio da capacidade contributiva, que, na redação do § 1º do art. 145 da Constituição, aplicar-se-ia apenas aos impostos, o inciso IV do art. 150 faz menção a tributos, vedando, assim, a instituição de contribuição (espécie de tributo) com efeito de confisco.

30. As normas gerais de direito tributário poderão dispor sobre fatos geradores, bases de cálculo e contribuintes de impostos, tendo por inspiração a autonomia do Município e o princípio federativo.

    30.1. Não se aplica às contribuições o disposto na parte final da alínea "a" do art. 146 da Constituição Federal. A definição dos fatos jurídicos tributários, bases de cálculo e contribuintes, por intermédio de lei complementar, é exigência constitucional que se circunscreve aos impostos nela discriminados.

CONTRIBUIÇÕES
REGIME JURÍDICO, DESTINAÇÃO E CONTROLE

31. Nas contribuições, deve-se avaliar se as causas que deram ensejo à sua instituição guardam correlação lógica com os meios utilizados para alcançá-las. Não há como negar um certo nível de subjetivismo na avaliação desses critérios. Mas, esse caráter subjetivo, presente, ainda que em níveis distintos, em toda a argumentação jurídica, não autoriza a simples refutação da análise.

32. Há um limite quantitativo inerente às contribuições. A somatória da arrecadação deve ser compatível com o custo da atividade a cujo custeio se destina. Se inferior, abre-se a possibilidade de alteração da regra-matriz de incidência, por lei, de forma a permitir um acréscimo do montante arrecadado. Se superior, tem-se a possibilidade de questionamento da exigência, uma vez que a contribuição destina-se a arrecadar exclusivamente os recursos necessários ao custeio da atividade que lhe deu causa.

33. Nos termos do art. 149 da Constituição Federal, a outorga de competência para a instituição de contribuições subordina-se à efetiva atuação da União numa determinada finalidade. Os recursos advindos de contribuições devem, obrigatoriamente, ser aplicados na finalidade que motivou a instituição do tributo, sempre como instrumento de atuação da União.

34. Nas relações jurídicas de cunho eminentemente tributário, o contribuinte é o único sujeito de direito a figurar no seu polo passivo. E o contribuinte haverá de ser colhido: (i) nos impostos, a partir da identificação das pessoas que, em face das possíveis materialidades previstas constitucionalmente, realizam o fato signo presuntivo de riqueza; (ii) nas taxas, entre aqueles a quem são prestados os serviços públicos específicos e divisíveis, ou entre aqueles que estão submetidos ao exercício do poder de polícia; e (iii)

207

nas contribuições, entre aqueles que, de um lado, realizam o fato signo presuntivo de riqueza (sempre que o critério material for típico de imposto) e que, de outro, recebem a vantagem ou benefício decorrente da atividade estatal que deu causa à contribuição. Nas hipóteses em que, no polo passivo, constar outro sujeito de direito que não o contribuinte, a relação jurídica instalada terá cunho diverso do tributário.

35. Não há como sustentar a irrelevância da destinação do produto da arrecadação, a partir da dicção do art. 4º, I, do Código Tributário Nacional. O Texto Constitucional o desmente. O fundamento ou causa para a instituição de contribuição afirma a sua finalidade e estipula o destino da arrecadação. Houve profunda alteração em relação ao sistema jurídico anterior.

36. Do engaste entre finalidade e destino da arrecadação, tem-se outra estrutura normativa que se liga à regra--matriz de incidência das contribuições. Trata-se de duas estruturas normativas distintas, ambas igualmente relevantes para a caracterização dessa espécie tributária autônoma. Isoladamente, uma e outra não autorizam o intérprete a emitir juízos definitivos.

37. A Emenda Constitucional que desvincula o produto da arrecadação de contribuição suprime a garantia individual do contribuinte de só se sujeitar ao pagamento de contribuição se, e somente se, o destino do montante exigido for integralmente utilizado nos fins que justificaram a criação do tributo. Além disso, rompe-se o imprescindível liame que deve existir entre a causa autorizativa do tributo e sua destinação. Se o produto da arrecadação é desvinculado, ainda que parcialmente, não há como alcançar os fins almejados.

38. A causa para a instituição da contribuição afirma a sua finalidade e estipula o destino da arrecadação. As

CONTRIBUIÇÕES
REGIME JURÍDICO, DESTINAÇÃO E CONTROLE

normas de estrutura que informam a criação da contribuição produzem seus correspectivos efeitos no encadeamento normativo que se instala no plano infraconstitucional. Diferentemente do que ocorre em relação aos impostos e taxas – espécies tributárias em relação às quais o pagamento do tributo é o último ato relevante para fins de desencadeamento de efeitos tipicamente tributários – nas contribuições, a aplicação do produto arrecadado, nos fins que deram ensejo à sua instituição, constitui direito subjetivo do contribuinte.

39. A previsão infralegal que promove o desvio do produto da arrecadação de contribuição, em desconformidade com a lei, deve ter seus efeitos jurídicos desconstituídos (eficácia "ex tunc"). Se ainda não houve a produção dos correspectivos efeitos no mundo fenomênico, deve o ente tributante recompor o *status quo ante*, retirando do ordenamento jurídico o conteúdo normativo produzido em descompasso com regras de superior hierarquia. Se já surdiram os efeitos da desvinculação, não tendo sido carreados a órgão, fundo ou despesa os recursos recebidos, tem o contribuinte o direito subjetivo de repetir o indébito tributário. Não há competência para arrecadar contribuição para fins diversos daqueles que deram causa à sua instituição. As autoridades administrativas, responsáveis pela inserção, no ordenamento jurídico, de prescrição descompassada com os ditames legais – da qual resultou o desvio do montante arrecadado, para fins diversos dos que deram causa à exigência – terão cometido crime de responsabilidade.

40. O vínculo entre causa e destino da arrecadação não é passível de ser alterado ou afastado por intermédio de lei orçamentária, sob pena de seu comprometimento estrutural como espécie tributária. A autorização para a instituição de contribuição decorre da necessidade do ente tributante em obter recursos

209

que se destinem ao atendimento de uma finalidade específica. Em contrapartida, o ente tributante tem o dever jurídico de usar integralmente o produto da arrecadação nesse fim colimado. A norma orçamentária que rompe esse vínculo desnatura a exigência; abre ao contribuinte a possibilidade de repetir o indébito tributário. O débito do contribuinte está atrelado à finalidade. Se há a desvinculação, o débito torna-se, *ipso facto*, um indébito.

REFERÊNCIAS

ALEX, Robert. On the Structure of Legal Principles. *Ratio Juris 13*. Oxford: Blackwell, 2000.

ALVES, Anna Emilia Cordelli. Da contribuição para o custeio da iluminação pública. *Revita Dialética de Direito Tributário* n. 97. São Paulo: Dialética, 2003.

AMARO, Luciano. *Direito tributário brasileiro*. São Paulo: Saraiva, 1997.

ARAÚJO, Clarice von Oertzen de Araújo. *Semiótica do direito*. Tese de Doutorado. São Paulo: Pontifícia Universidade Católica de São Paulo, 2003.

ATALIBA, Geraldo. *Hipótese de incidência tributária*. 6ª edição. São Paulo: Malheiros Editores, 2001.

_____. *Apontamentos de ciência das finanças, direito financeiro e tributário*. São Paulo: Revista dos Tribunais, 1969.

_____. *Sistema constitucional tributário brasileiro*. São Paulo: Revista dos Tribunais, 1968.

_____. Hermenêutica e Sistema Constitucional Tributário. In ATALIBA, GERALDO (coord.). *Interpretação no direito tributário*. São Paulo: Saraiva, EDUC, 1975.

ÁVILA, Humberto. *Teoria dos princípios – Da definição à aplicação dos princípios jurídicos*. 4ª edição. São Paulo: Malheiros Editores, 2005.

AYALA, José Luis Perez de; GONZALEZ, Eusebio. *Curso de derecho tributario*. 2ª edição. Madri: Editorial de Derecho Financiero, vol. 1, 1978.

BALEEIRO, Aliomar. *Direito tributário brasileiro*. 10ª edição. Atualizada por Flávio Bauer Novelli. Rio de Janeiro: Forense, 1995.

BALERA, Wagner. *Noções preliminares de direito previdenciário*. São Paulo: Quartier Latin, 2004.

_____. *A seguridade social na Constituição de 1988*. São Paulo: Revista dos Tribunais, 1989.

BANDEIRA DE MELLO, Celso Antônio. *Curso de direito administrativo*. 9ª edição. São Paulo: Malheiros Editores, 1997.

_____. *Natureza e regime jurídico das autarquias*. São Paulo: Revista dos Tribunais, 1986.

BARRETO, Aires. *Base de cálculo, alíquota e princípios constitucionais*. 2ª edição. São Paulo: Max Limonad, 1998.

_____. Contribuições de melhoria. *Comentários ao Código Tributário Nacional*. 3ª edição. São Paulo: Saraiva, vol. 1, 2002.

_____. *Curso de direito tributário municipal*. São Paulo: Saraiva, 2009.

_____. Vedação ao Efeito de Confisco. *Revista de Direito Tributário* n. 64. São Paulo: Revista dos Tribunais, s/d.

_____. As Contribuições no Sistema Constitucional – Tributário. In MARTINS, Ives Gandra (coord.). *Caderno de Pesquisas Tributárias. Contribuições Especiais Fundo PIS/PASEP*. São Paulo: Resenha Tributária e Centro de Estudos de Extensão Universitária, vol. 2, 1977.

CONTRIBUIÇÕES
REGIME JURÍDICO, DESTINAÇÃO E CONTROLE

BARRETO, Aires F.; BARRETO, Paulo Ayres. *Imunidades tributárias:* Limitações constitucionais ao poder de tributar. 2ª edição. São Paulo: Dialética, 2001.

BARRETO, Aires; SILVA, Maria do Alívio Gondim e; FINGERMAN, Henrique. *Um Modelo de Cobrança da Contribuição de Melhoria.* São Paulo: Resenha Tributária, 1975.

BARRETO, Paulo Ayres. *Imposto sobre a Renda e Preços de Transferência.* São Paulo: Dialética, 2001.

BECHO, Renato Lopes. *Sujeição passiva e responsabilidade tributária.* São Paulo: Dialética, 2000.

BECKER, Alfredo Augusto. *Teoria geral do direito tributário.* 2ª edição. São Paulo: Saraiva, 1972.

BLUMENSTEIN, Ernst. La Causa nel Diritto Tributario Svizzero. *Rivista di Diritto Finanziario e Scienza delle Finanze.* Pádova: CEDAM, 1939.

BORGES, José Souto Maior. *Tratado de direito tributário brasileiro.* Rio de Janeiro: Forense, vol. 4, 1981.

_____. *Lei Complementar tributária.* São Paulo: Revista dos Tribunais e EDUC, 1975.

BOTELHO, Werther. *Da tributação e sua destinação.* Belo Horizonte: Del Rey, 1994.

BOTTALLO, Eduardo Domingos. *Fundamentos do IPI (Imposto sobre Produtos Industrializados).* São Paulo: Revista dos Tribunais, 2002.

_____. *Lições de direito público.* São Paulo: Dialética, 2003.

_____. Alíquota Diferenciada de Contribuição Previdenciária e Princípio da Isonomia (Análise do Art. 2º da L.C. 84/96). In ROCHA, Valdir de Oliveira. *Contribuições previdenciárias – Questões atuais.* São Paulo: Dialética, 1996.

213

PAULO AYRES BARRETO

_____. Contribuições de Intervenção no Domínio Econômico. In ROCHA, Valdir de Oliveira (coord.). *Grandes questões atuais do direito tributário*. São Paulo: Dialética, vol. 7, 2003.

BUJANDA, Fernando Sainz de. *Hacienda y derecho*. Madri: Instituto de Estudios Politicos, vol. 2, 1962.

CAMPOS, Diogo Leite de; CAMPOS, Mônica Horta Neves Leite de. *Direito tributário*. 2ª edição. Coimbra: Almedina, 2000.

CANOTILHO, J. J. GOMES. *Direito constitucional e teoria da constituição*. 3ª edição. Coimbra: Livraria Almedina, 1999.

CARRAZZA, Elizabeth Nazar. *IPTU e Progressividade* – Igualdade e capacidade contributiva. Curitiba: Juruá, 1992.

CARRAZZA, Roque Antônio. *Curso de direito constitucional tributário*. 20ª edição. São Paulo, Malheiros Editores, 2004.

_____. *Imposto sobre a Renda (Perfil Constitucional e Temas Específicos)*. São Paulo: Malheiros Editores, 2005.

_____. *O sujeito ativo da obrigação tributária*. São Paulo: Resenha Tributária, 1977.

CARVALHO, Cristiano. *Teoria do sistema jurídico* – Direito, economia, tributação. São Paulo: Quartier Latin, 2005.

CARVALHO, Paulo de Barros. *Curso de direito tributário*. 17ª edição. São Paulo: Saraiva, 2005.

_____. *Direito tributário* – Fundamentos jurídicos da incidência. 3ª edição. São Paulo: Saraiva, 2004.

_____. *Direito tributário, linguagem e método*. 3ª edição. São Paulo: Noeses, 2009.

_____. *Teoria da norma tributária*. São Paulo: Lael, 1974.

_____. Sobre os Princípios Constitucionais Tributários. *Revista de Direito Tributário* n. 55. São Paulo: Revista dos Tribunais, 1991.

CONTRIBUIÇÕES
REGIME JURÍDICO, DESTINAÇÃO E CONTROLE

_____. IPI – Comentários sobre as Regras Gerais de Interpretação da Tabela NBM/SH (TIPI/TAB). *Revista Dialética de Direito Tributário* n. 12. São Paulo: Dialética, 1996.

CLÈVE, Clèmerson Merlin. *Atividade legislativa do Poder Executivo*. 2ª edição. São Paulo: Revista dos Tribunais, 2000.

COELHO, Fábio Ulhoa. *Direito antitruste brasileiro – Comentários à Lei n. 8.884/94*. São Paulo: Saraiva, 1995.

COÊLHO, Sacha Calmon Navarro. *Comentários à Constituição de 1988 – Sistema Tributário*. 6ª edição. Rio de Janeiro: Forense, 1997.

_____. *Curso de direito tributário brasileiro*. 8ª edição. Rio de Janeiro: Forense, 2005.

COSTA, Alcides Jorge. Natureza Jurídica dos Empréstimos Compulsórios. *Revista de Direito Administrativo* n. 70. São Paulo: Fundação Getúlio Vargas, 1962.

COSTA, Ramon Valdés. *Curso de derecho tributario*. Montevideo: Uruguaya Colombino, vol. 1, 1970.

COSTA, Regina Helena. *O Princípio da capacidade contributiva*. São Paulo: Malheiros, 1993.

COSTA, Simone Rodrigues Duarte. *ISS – a LC 116/03 e a incidência na importação*. São Paulo: Quartier Latin, 2007.

DERZI, Misabel Abreu Machado. In BALEEIRO, Aliomar. *Limitações constitucionais ao poder de tributar*. Atualizada por Misabel Abreu Machado Derzi. 7ª edição. Rio de Janeiro: Forense, 1997.

_____. Contribuição para o Finsocial. *Revista de Direito Tributário* n. 55. São Paulo: Revista dos Tribunais, 1991.

_____. *Direito tributário, direito penal e tipo*. São Paulo: Revista dos Tribunais, 1988.

DWORKIN, Ronald. *Taking Rights Seriously*. London: Duckworth, 1991.

ESPÍNDOLA, Ruy Samuel. *Conceito de princípios constitucionais*. São Paulo: Revista dos Tribunais, 1999.

FANUCCHI, Fábio. *Curso de direito tributário brasileiro*. 3ª edição. São Paulo: Resenha Tributária, vol. 1, 1975.

FERRAGUT, Maria Rita. *Responsabilidade tributária e o Código Civil de 2002*. São Paulo: Noeses, 2005.

FERRAZ JR., Tercio Sampaio. *Introdução ao estudo do direito*. 2ª edição. São Paulo: Atlas, 1995.

_____. Notas sobre Contribuições Sociais e Solidariedade no Contexto do Estado Democrático de Direito. In GRECO, Marco Aurélio; GODOI, Marciano Seabra de (coord.). *Solidariedade social e tributação*. São Paulo: Dialética, 2005.

FIGUEIREDO, Lucia Valle. *Curso de direito administrativo*. 2ª edição. São Paulo: Malheiros Editores, 1995.

_____. Reflexões sobre a Intervenção do Estado no Domínio Econômico. *Revista de Direito Tributário* n. 81. São Paulo: Malheiros Editores, s/d.

FONROUGE, Giuliani. *Derecho financiero*. Buenos Aires: Depalma, vol. 2, 1962.

GAMA, Tácio Lacerda. *Contribuição de intervenção no domínio econômico*. São Paulo: Quartier Latin, 2003.

GIANNINI, Achille Donato. *Instituzioni di Diritto Tributario*. Milão: Dott. A. Giuffrè, 1945.

_____. *Trattato di Diritto Tributario. I Concetti Fondamentali del Diritto Tributario*. Turim: Unione Tipografico-Editrice Torinese, vol. 1, 1956.

CONTRIBUIÇÕES
REGIME JURÍDICO, DESTINAÇÃO E CONTROLE

GUASTINI, Ricardo. *Distinguiendo:* estudios de teoría y metateoría del derecho. Trad. Jordi Ferrer i Beltrán. Barcelona: Gedisa, 1999.

GRAU, Eros Roberto. *O direito posto e o direito pressuposto.* São Paulo: Malheiros Editores, 1996.

_____. *A ordem econômica na Constituição de 1988 (Interpretação e Crítica).* 3ª edição. São Paulo: Malheiros Editores, 1999.

GRECO, Marco Aurélio. *Contribuições* (Uma Figura "Sui Generis"). São Paulo: Dialética, 2000.

_____. A Destinação dos Recursos Decorrentes da Contribuição de Intervenção no Domínio Econômico – Cide sobre Combustíveis. *Revista Dialética de Direito Tributário* n. 104. São Paulo: Dialética, 2004.

_____. Solidariedade Social e Tributação. In GRECO, Marco Aurélio; GODOI, Marciano Seabra de (coord.). *Solidariedade social e tributação.* São Paulo: Dialética, 2005.

GRIZIOTTI, Benvenuto. *Principios de política, derecho y ciencia de la hacienda.* Trad. Enrique R. Mata. 2ª edição. Madri: Instituto Editorial Reus, 1958.

HESSE, Konrad. *Escritos de derecho constitucional (Selección).* Trad. Pedro Cruz Villalón. Madri: Centro de Estudios Constitucionales, 1983.

HOFFMANN, Susy Gomes. *Contribuições no sistema constitucional tributário.* Campinas: Copola, 1996.

HORVATH, Estevão. Contribuições de intervenção no domínio econômico. São Paulo: Dialética, 2009.

_____. Classificação dos Tributos. In BARRETO, Aires; BOTTALLO, Eduardo Domingos (coord.). *Curso de Iniciação em Direito Tributário.* São Paulo: Dialética, 2004.

217

HOUAISS, Antônio; VILLAR, Mauro de Salles; FRANCO, Francisco Manoel de Mello Franco. *Dicionário Houaiss da língua portuguesa*. Rio de Janeiro: Objetiva, 2004.

IBRAHIM, Fábio Zambitte. Desvinculação Parcial da Arrecadação de Impostos e Contribuições – Uma Interpretação Possível da Emenda Constitucional n. 27. *Revista Dialética de Direito Tributário* n. 61. São Paulo: Dialética, 2000.

INGROSSO, Giovanni. *I Contributi nel Sistema Tributario Italiano*. Nápoli: Casa Editrice Dott. Eugenio Jovene, 1964.

JARACH, Dino. *El hecho imponible*. 2ª edição. Buenos Aires: Abeledo-Perrot, 1971.

JUSTEN FILHO, Marçal. *Sujeição passiva tributária*. Belém: Cejup, 1986.

_____. Contribuições Sociais. In MARTINS, Ives Gandra (coord.). *Caderno de Pesquisas Tributárias. Contribuições Sociais*. São Paulo: Resenha Tributária, vol. 17, 1992.

KELSEN, Hans. *Teoria pura do direito*. 4ª edição. Coimbra: Armênio Amado, 1976.

KOURY, Paulo Arthur Cavalcante. *Competência regulamentar em matéria tributária*. Funções e limites dos decretos, instruções normativas e outros atos regulamentares. Belo Horizonte: Fórum, 2019.

LAPATZA, José Juan Ferreiro. *Curso de derecho financiero español* – Derecho financiero (Ingresos. Gastos. Presupuesto). Madri: Marcial Pons, vol. 1, 2004.

LARENZ, Karl. *Metodologia da ciência do direito*. 3ª edição. Trad. José Lamego. Lisboa: Fundação Calouste Gulbenkian, 1997.

LIMA GONÇALVES, José Artur. *Imposto sobre a Renda – Pressupostos constitucionais*. São Paulo: Malheiros Editores, 1997.

CONTRIBUIÇÕES
REGIME JURÍDICO, DESTINAÇÃO E CONTROLE

_____. *Isonomia da norma tributária*. São Paulo: Malheiros, 1993.

_____. Contribuições de intervenção. In ROCHA, Valdir de Oliveira (coord.). *Grandes questões atuais do direito tributário*. São Paulo: Dialética, vol. 7, 2003.

LOEWENSTEIN, Karl. *Teoría de la Constitución*. Trad. Alfredo Gallego Anabitarde. Barcelona: Ariel, 1986.

MARQUES, Márcio Severo. *Classificação constitucional dos tributos*. São Paulo: Max Limonad, 2000.

MARTÍNEZ, Soares. *Direito fiscal*. 7ª edição. Coimbra: Almedina, 1993.

MARTINS, Ives Gandra da Silva. As Contribuições e o artigo 149 da Constituição Federal. In ROCHA, Valdir de Oliveira (coord.). *Grandes questões atuais do direito tributário*. São Paulo: Dialética, vol. 6, 2002.

_____. As contribuições no sistema tributário brasileiro. In MACHADO, Hugo de Brito (coord.). *As contribuições no sistema tributário brasileiro*. São Paulo e Fortaleza: Dialética e ICET, 2003.

MAYNEZ, Eduardo Garcia. *Introducción al estudio del derecho*. 5ª edição. México: Porrua, 1971.

MELO, José Eduardo Soares de. *Contribuições sociais no sistema tributário*. 4ª edição. São Paulo: Malheiros Editores, 2003.

_____. Contribuições no Sistema Tributário. In MACHADO, Hugo de Brito (coord.). *As contribuições no sistema tributário brasileiro*. São Paulo e Fortaleza: Dialética e ICET, 2003.

MICHELI, Gian Antonio. *Curso de derecho tributario*. Trad. Julio Banaloche. Madri: Editorial de Derecho Financiero, 1975.

MIRANDA, Pontes de. *Comentários à Constituição de 1967 com a Emenda n. 1, de 1969*. São Paulo: Revista dos Tribunais, vol. 3, 1970.

MORCHÓN, Gregorio Robles. *Teoría del derecho (Fundamentos de la teoría comunicacional del derecho)*. Madri: Civitas, v. 1, 1998.

MOSQUERA, Roberto Quiroga. *Renda e proventos de qualquer natureza*. O imposto e seu conceito constitucional. São Paulo: Dialética, 1996.

MOUSSALLEM, Tárek Moysés. *Fontes do direito tributário*. São Paulo: Max Limonad, 2001.

_____. *Tributação e Processo / IV Congresso Nacional de Estudos Tributários, realizado de 12/14 de dezembro de 2007. Classificação dos Tributos – Uma Visão Analítica*. São Paulo: Noeses, 2007.

_____. *Revogação em matéria tributária*. São Paulo: Noeses, 2005.

NOGUEIRA, Ruy Barbosa. *Direito financeiro (Curso de Direito Tributário)*. São Paulo: José Bushatsky Editor, 1964.

OLIVEIRA, José Marcos Domingues de. Contribuições sociais, desvio de finalidade e a dita reforma da previdência social brasileira. *Revista Dialética de Direito Tributário* n. 108. São Paulo: Dialética, 2004.

OLIVEIRA, Régis Fernandes de. *Receitas não tributárias* (Taxas e Preços Públicos). São Paulo: Malheiros Editores, 2003.

OLIVEIRA, Régis Fernandes de; HORVATH, Estevão. *Manual de direito financeiro*. 2ª edição. São Paulo: Revista dos Tribunais, 1997.

PARSONS, Talcott; SHILS, Edward A. *Toward a General Theory of Action. Theoretical Foundations for the Social Sciences*. London: Transacion Publishers, 2001.

PIMENTA, Paulo Roberto Lyrio Pimenta. *Contribuições de intervenção no domínio econômico*. São Paulo: Dialética, 2002.

PONTES, Helenilson Cunha. Notas sobre o Regime Jurídico--constitucional das Contribuições de Intervenção no Domínio Econômico. In ROCHA, Valdir de Oliveira. *Grandes questões atuais do direito tributário*. São Paulo: Dialética, vol. 6, 2002.

QUEIROZ, Luís Cesar Souza de. *Sujeição passiva tributária*. Rio de Janeiro: Forense, 1998.

ROCHA, Valdir de Oliveira. Contribuições sociais. In MARTINS, Ives Gandra (coord.). *Caderno de Pesquisas Tributárias. Contribuições Sociais*. São Paulo: Resenha Tributária, vol. 17, 1992.

SANTI, Eurico Marcos Diniz de. *Decadência e prescrição no direito tributário*. São Paulo: Max Limonad, 2000.

_____. As Classificações no Sistema Tributário Brasileiro. In *Justiça Tributária – I Congresso Internacional de Direito Tributário*. São Paulo: Max Limonad, 1998.

_____. Imunidade Tributária como Limite Objetivo e as Diferenças entre 'Livro' e 'Livro Eletrônico'". In MACHADO, Hugo de Brito (coord.). *Imunidade tributária do livro eletrônico*. São Paulo: IOB Informações Objetivas, 1998.

SCAFF, Fernando Facury. As contribuições sociais e o princípio da afetação. *Revista Dialética de Direito Tributário* n. 98. São Paulo: Dialética, 2003.

SCHOUERI, Luís Eduardo. *Normas tributárias indutoras e intervenção econômica*. Rio de Janeiro: Forense, 2005.

_____. Algumas Considerações sobre a Contribuição de Intervenção no Domínio Econômico no Sistema Constitucional Brasileiro. A Contribuição ao Programa Universidade--Empresa. In GRECO, Marco Aurélio (coord.). *Contribuições de intervenção no domínio econômico e figuras afins*. São Paulo: Dialética, 2001.

SILVA, De Plácido e. *Vocabulário jurídico*. 2ª edição. Rio de Janeiro: Forense, vols. 1 e 2, 1967.

SILVA, José Afonso da. *Curso de direito constitucional positivo*. 5ª edição. São Paulo: Revista dos Tribunais, 1989.

SOUSA, Rubens Gomes de. *Compêndio de legislação tributária*. 2ª edição. Rio de Janeiro: Financeiras, 1954.

SOUSA, Rubens Gomes de; ATALIBA, Geraldo; CARVALHO, Paulo de Barros. *Comentários ao Código Tributário Nacional*. São Paulo: Revista dos Tribunais e EDUC, 1975.

SOUZA, Hamilton Dias de. Contribuições Especiais. In MARTINS, Ives Gandra da Silva (coord.). *Curso de direito tributário*. 7ª edição. São Paulo: Saraiva, 2000.

STEBBING, L. Susan. *Introducción a la lógica moderna*. Trad. José Luis González. Cidade do México: Fondo de Cultura Econômica, 1975.

SUNDFELD, Carlos Ari. *Fundamentos de direito público*. São Paulo: Malheiros Editores, 1993.

TESAURO, Francesco. *Compendio di Diritto Tributario*. Milão: UTET, 2002.

TOMÉ, Fabiana Del Padre. *Contribuições para a seguridade social*. Curitiba: Juruá, 2004.

_____. *A prova no direito tributário*. São Paulo: Noeses, 2005.

TORRES, Heleno Taveira. Pressupostos Constitucionais das Contribuições de Intervenção no Domínio Econômico. A CIDE-Tecnologia. In ROCHA, Valdir de Oliveira (coord.). *Grandes questões atuais do direito tributário*. São Paulo: Dialética, vol. 7, 2003.

TORRES, Ricardo Lobo. *Curso de direito financeiro e tributário*. 12ª edição. Rio de Janeiro: Renovar, 2005.

CONTRIBUIÇÕES
REGIME JURÍDICO, DESTINAÇÃO E CONTROLE

_____. *Sistemas constitucionais tributários*. Rio de Janeiro: Forense, 1986.

_____. Existe um Princípio Estrutural da Solidariedade? In GRECO, Marco Aurélio; GODOI, Marciano Seabra de (coord.). *Solidariedade social e tributação*. São Paulo: Dialética, 2005.

ULHÔA CANTO, Gilberto. Causa da Obrigação Tributária. In *Temas de direito tributário*. Rio de Janeiro: Alba, vol. 1, 1963.

VELLOSO, Andrei Pitten. *Conceitos e competências tributárias*. São Paulo: Dialética, 2005.

VIEIRA, Maria Leonor Leite. *Suspensão da exigibilidade do crédito tributário*. São Paulo: Dialética, 1997.

VILANOVA, Lourival. Sobre o Conceito de Direito. In *Escritos filosóficos e jurídicos*. São Paulo: Axis Mundi, vol. 1, 2003.

_____. Lógica jurídica. In *Escritos filosóficos e jurídicos*. São Paulo: Axis Mundi, vol. 2, 2003.

_____. *As estruturas lógicas e o sistema do direito positivo*. São Paulo: Revista dos Tribunais, 1977.

VILLEGAS, Héctor B. *Curso de finanzas, derecho financiero y tributario*. Buenos Aires: Depalma, 1972.